第二章 東北 37

都道府県別 ご当地名駅弁 61

青森県 ● 八戸駅・新青森駅
岩手県 ● 一ノ関駅
秋田県 ● 秋田駅・大館駅
山形県 ● 米沢駅・山形駅
福島県 ● 郡山駅・いわき駅
宮城県 ● 仙台駅

第三章 関東甲信越 63

都道府県別 ご当地名駅弁 92

新潟県 ● 直江津駅・越後湯沢駅・長岡駅・新津駅・新潟駅
群馬県 ● 横川駅・高崎駅
栃木県 ● 宇都宮駅
茨城県 ● 水戸駅
東京都 ● 東京駅
千葉県 ● 千葉駅
神奈川県 ● 横浜駅・大船駅・小田原駅
山梨県 ● 小淵沢駅
長野県 ● 松本駅

第四章 東海 97

静岡県 ● 伊東駅・沼津駅・新富士駅・浜松駅
愛知県 ● 豊橋駅・名古屋駅
三重県 ● 松阪駅
岐阜県 ● 高山駅

都道府県別 ご当地名駅弁 108

第五章 西日本 111

富山県 ● 富山駅
石川県 ● 金沢駅
福井県 ● 福井駅・敦賀駅
滋賀県 ● 草津駅
奈良県 ● 近鉄奈良駅
和歌山県 ● 和歌山駅
兵庫県 ● 姫路駅・神戸駅
鳥取県 ● 鳥取駅・米子駅
島根県 ● 松江駅
岡山県 ● 岡山駅

広島県 ● 三原駅・広島駅・宮島口駅
山口県 ● 津和野駅

都道府県別 ご当地名駅弁　140

第六章 四国・九州

香川県 ● 高松駅
高知県 ● 高知駅
愛媛県 ● 今治駅
鹿児島県 ● 鹿児島中央駅
佐賀県 ● 鳥栖駅

都道府県別 ご当地名駅弁　143

コラム3
駅弁ヒストリー
〜日本人とともに
時代を乗り越えた鉄道食文化〜
158

[マークの説明]

- 予約　事前連絡でお目当ての駅弁を
お取り置きできる
- 宅配　駅弁を自宅にお取り寄せできる
- ホームにお届け　事前予約で列車の到着時間に合わせて
指定の乗降口まで駅弁を届けてくれる

＊本誌掲載のデータは2024年12月現在のものです。
＊お買い求めの際にその商品がない場合もあります。ご了承ください。
＊「一部ここでも買えます！」は販売駅によって、お取り扱い商品が異なります。
＊本誌掲載の価格は消費税込みの価格です。
＊発行後、メニューの見直しや料金の改定などがある可能性もございます。
　お買い求めの際は、電話などで事前に確認されることをおすすめします。

Column 1

駅弁マークってなに？

駅弁の中身同様、各業者がアイデアを絞って作ったさまざまなデザインの掛け紙。そのパッケージにつられて、つい買ってしまった人もいるだろう。

この掛け紙の端、四角い太枠の中に日の丸のような赤い丸と勘亭流文字で「駅弁」と書かれたマークを見つけ、気になった人もいるのではないだろうか。このマーク、JRの構内で、駅弁を販売する業者によって組織された「一般社団法人日本鉄道構内営業中央会」が1988（昭和63）年に制定し、登録標章化したもの。駅弁を広く親しんでもらうために考え出されたマークなのだ。

ちなみに、赤い丸は日の丸弁当をイメージしたわけではなく、鉄道旅と人との交流を通して育まれる温かな心が描かれているのだとか。

しかし、数ある駅弁の中には、このマークがないものもある。実はマークを付けられるのは、この日本鉄道構内営業中央会の会員であることが条件なので、マークは会員の証。

「それだけ？」というなかれ！　会員である駅弁業者は、日本の鉄道事業黎明期から続く老舗中の老舗が在籍する、いわば駅弁史の生き証人でもあるのだ。ほかに、災害時における食料提供、いわゆる炊き出しも全国会員の連携によって行われ、社会貢献にも寄与している。

今や海外にも進出しようとする「EKIBEN」。いうなれば、「THE EKIBEN」の称号をもった証のようなものだ。

お話を伺ったのは…

元一般社団法人
日本鉄道構内営業
中央会事務局長
沼本忠次さん

駅弁レジェンドが語る

私の印象に残った旅の駅弁

駅弁は鉄道旅のおともに欠かせないマストアイテム。現在、日本で販売している駅弁は2000にもおよぶといわれ、選ぶ際にどれにしようか迷ってしまうほど。そこで、日本全国の駅弁を食べ尽くした駅弁の達人たちに、必ず食べておきたい、お気に入りの駅弁を聞いてみました。

櫻井 寛さん

小林 しのぶさん

木村 裕子さん

上杉 剛嗣さん

福岡 健一さん

駅弁は私にとって最高のご馳走で
日本が世界に誇る鉄道食文化

さくらい・かん
本業は世界中の鉄道を取材するフォトジャーナリストだが、国内では駅弁好きが嵩じてこれまでに6,000食以上を完食。著作に、漫画家はやせ淳とコンビを組むコミック「駅弁ひとり旅」(双葉社)、「漫画アクション」にて「新・駅弁ひとり旅 撮り鉄・菜々編」、「知識ゼロからの駅弁入門」(幻冬舎)、「にっぽん全国100駅弁」(双葉社)などがある。

駅弁タビリスト
櫻井 寛さん

私が生まれた昭和20年代は、まさに戦後で貧しい時代。小学3年生の時、祖母とともに列車で高崎に出かけた際、車内で生まれて初めて駅弁を買ってもらったのを覚えている。私が鉄道好きになったきっかけは、そこに駅弁があったからかも知れない。

今回は、今すぐに食べたい私の大好物の駅弁を5つ挙げてみよう。題して、「我が愛しき駅弁ベスト5」である。

トップバッターは高崎駅の「鶏めし弁当」。小諸駅の駅員だった母親が大好きだった駅弁で、とりわけ鶏そぼろの得も言われぬ味わいがたまらない。2番目は、直江津駅の「鱈めし」である。新潟の駅弁だが、実は上越地方は我が故郷である

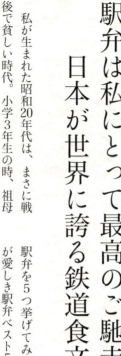

長野の食文化とも似かよっており、ことに「鱈」の甘露煮は長野でも正月のご馳走の定番だ。ちなみに日本広しといえども「鱈」をメインにした駅弁は他にない。3番目は、小淵沢駅の「元気甲斐」。グルメ駅弁の草分けとして、つとに有名な駅弁だ。美味しい駅弁があることから、子どもの頃から小淵沢駅は憧れの地でも

高崎弁当
「鶏めし弁当」
→ p.73

ホテルハイマート
「鱈めし」→ p.64

丸政
「元気甲斐」→ p.88

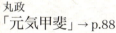

福豆屋
「海苔のりべん」
→ p.52

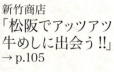

新竹商店
「松阪でアッツアツ
牛めしに出会う!!」
→ p.105

あった。4番目は郡山駅の「海苔のりべん」である。一般的にはリーズナブルな印象の海苔弁だが、これは別格。母親が子供のお弁当を作る愛情が注ぎ込まれており、計6層からなる究極の海苔弁なのだ。5番目は、僭越ながら筆者プロデュースの松阪駅「松阪でアッツアツ牛めしに出会う!!」をご紹介したい。牛肉は三重県産の最高級黒毛和牛。アッツアツで楽しめる加熱式容器を使用するほか、絶妙なさじ加減のガーリック隠し味で、最高の美味しさを引き立てている。

若い頃から駅弁を食べ歩き
後世に残したい駅弁に出合う

旅行ジャーナリスト・駅弁愛好家
小林 しのぶ さん

こばやし・しのぶ
千葉県香取市出身の駅弁愛好家・エキベニストであり、日本フードアナリスト協会評議委員。駅弁の食べ歩きは30年以上におよび、食べた駅弁の数は5,000を超えることから"駅弁の女王"と呼ばれる。

駅弁は毎年数十個が新陳代謝し、いつか食べたいと思っていた駅弁が気づけば無くなっている。「あー食べておけばよかった」と後悔しても遅いのだ。昭和、平成、令和と3つの時代の駅弁を食べ歩き、いくつもの忘れられない駅弁に出合った。後世に残したい駅弁を紹介しよう。

まずは北海道室蘭市にある無人駅の母恋駅で食べた「母恋めし」。地元で獲れた活ホッキを炊き込んだホッキめしのおにぎりをメインに、燻製卵やチーズなどが添えられる。ゴロンと大きなホッキの切り身の甘みと歯ごたえに感動する。東北では青森県津軽鉄道の「ストーブ弁当」。ホタテやスルメ、若生（柔らかい1年昆布）など、津軽の特産物がたくさん詰まっている。伊豆・修善寺駅には日本一の鯵寿司「武士のあじ寿司」がある。丁寧に仕込まれた伊豆の新鮮なアジが、酢めしの上にたっぷりのっている。ご飯の上に敷いた桜葉が香り、なんとも粋だ。

三重県松阪駅の「モー太郎弁当」は、蓋を開けると童謡の『ふるさと』が流れるメロディー付き駅弁。すき焼き風に味付けた和牛は老若男女に好まれる。そして、私自身が開発に関わった広島駅の「かきの土手わっぱ」。広島の郷土料理をそのまま駅弁に詰めた自信作だ。どうぞ召し上がれ！

母恋めし本舗
「母恋めし」
→ p.35

広島駅弁当「かきの
土手わっぱ」→ p.136

津軽鉄道
「ストーブ弁当」（津軽五所川原駅）

修善寺駅弁 舞寿し
「武士のあじ寿司」→ p.108

新竹商店
「モー太郎弁当」→ p.104

「小さな箱に個性をギュッと詰めた インパクトのある駅弁に惹かれます」

鉄旅タレント 木村 裕子さん

きむら・ゆうこ
愛知県生まれ。元祖鉄道アイドル。2015年に日本の鉄道完乗達成。2021年に鉄道アイドルを卒業し、親子問題専門の心理カウンセラーへ転身。予約2か月待ちの人気カウンセラーとしてYoutubeでも活躍中。

元JR東海の車内販売員でたくさんの駅弁を見てきた私は、インパクトのある駅弁に興味を惹かれる。実際に販売していた中でのイチ押しは、JR紀勢本線・松阪駅の「松阪名物 黒毛和牛モー太郎弁当」。蓋を開けるとセンサーが反応してメロディーが流れる。日本初の音楽付き駅弁だ。

東武日光駅の「SL大樹 日光埋蔵金弁当」は、石炭シャベル型のスプーン付き。厚焼き玉子に"埋蔵金"という焼印が押されていて演出がニクい。カキ好きなら絶対に食べておきたいのが、広島駅の「しゃもじかきめし」。厳島神社の宮島杓子をかたどった容器を開けると、カキめし、カキフライ、カキ身のゆず味噌和えと大ぶりの牡蠣がぎっしり。

1日40食限定のJR室蘭本線・母恋駅の「母恋めし」は、貝殻の中にホッキ貝のおにぎりが入る。「特製十勝 牛のワイン漬ステーキ辨當」は、JR根室本線・池田駅にある洋食屋が作るシェフの味だ。個性ある駅弁は実に面白い。

母恋めし本舗「母恋めし」→ p.35

新竹商店「松阪名物
黒毛和牛モー太郎弁当」→ p.104

米倉屋「特製十勝 牛の
ワイン漬ステーキ辨當」
→ p.28

日光鱒鮨本舗
「SL 大樹
日光埋蔵金弁当」→ p.92

「また出かけたくなる旅の味わい 折箱に詰まった旅情と食文化を」

駅弁愛好家 上杉 剛嗣さん

うえすぎ・つよし
1960年、静岡県生まれ。中学生時代から駅弁掛け紙コレクションを始め、1万枚以上収蔵。これまで食べた駅弁は6000種類以上。ウェブサイト「駅弁の小窓」管理人。著書に『駅弁掛け紙ものがたり』(けやき出版)、『駅弁読本』(枻出版社)がある。

「駅弁行脚」の道中、必ず立ち寄ってしまう駅がある。北海道は池田駅の「牛のワイン漬けステーキ辨當」。以前は「十勝牛の……」と書かれていたが、そんなことは気にしない。焼きたてのミディアムレアステーキに加え、デミグラスソースはご飯にもかけて食べたい。千葉の館山駅「くじら弁当」。これもお店で出来立てを待っていただく。大和煮、そぼろ。まさに貴重な味わいだ。

三島駅で出会えたらラッキーなのが令和元年に登場した「伊豆半島ジオパーク弁当」。静岡県立韮山高等学校写真報道部がプロデュースした。伊豆鹿肉や金目鯛などのおかずがジオの地形らしいネーミングで9マスに収まる。

四国の高知駅は「かつおたたき弁当」。駅弁にナマモノは反則。でも、禁を冒してでも毎回食べたい。ニンニク、ミョウガの薬味がたまらない。

九州の佐世保駅に復活した「レモンステーキ弁当」。レモンが合う赤身の黒毛和牛もいいが、高菜漬けも隠れた主役だ。

米倉屋「牛のワイン漬ステーキ辨當」→ p.28

喫茶店マリン
「くじら弁当」(館山駅)

桃中軒「伊豆半島ジオパーク弁当」→ p.99

安藤商店
「かつおたたき弁当」→ p.145

匠庵
「レモンステーキ弁当」(佐世保駅)

福岡 健一 さん

ウェブサイト「駅弁資料館」館長

ふくおか・けんいち
1973年生まれ。日本全国と海外の駅弁を紹介するウェブサイト「駅弁資料館」館長。日本国内の鉄道全線に乗り尽くし、23年間で8000個以上の駅弁を食べ、駅弁と鉄道を求めて台湾その他海外各地へも足を記す。

「駅弁は旅人の腹を満たしながら土地の食や文化への好奇心も満たす」

駅弁は旅を彩る。旅人の腹を満たしながら、土地の食や文化への好奇心も満たしてくれる。高校生の私に駅弁の風味と歴史の味わいを教えてくれた富山駅弁「ますのすし」。南国の小さな無人駅に生まれた駅弁が九州を制覇する物語に立ち合えた、あたたかみのある嘉例川駅弁「鮭はらこめし」。そして、大都会で一日

「百年の旅物語かれい川」。新幹線とバスを乗り継いでようやく訪れることができた駅で、満載の蒸しウニが視覚と味覚で輝いた久慈駅弁「うに弁当」。不思議と食べる度においしくなっていくように思える、大好きなサケとイクラの仙台駅弁

2万個以上を売るのに、掛紙をひもでしばる経木折という昔ながらの駅弁の姿を守り、地元で深く愛される横浜駅弁「シウマイ弁当」。明治生まれの古豪から今月の新作まで、五感でこだわりを表現した、各地の多様な駅弁が興味を引き続けてくれる。

三陸リアス亭「うに弁当」→ p.62

源「ますのすし」→ p.112

森の弁当やまだ屋「百年の旅物語かれい川」→ p.157

崎陽軒「シウマイ弁当」→ p.82

ウェルネス伯養軒「鮭はらこめし」→ p.62

Column 2

日本各地の名物駅弁が東京駅に大集合

地域にちなんだ食材で作られる駅弁。今や日本の食文化を世界に紹介するうえで、駅弁は切り離せないものになっている。

そんな全国各地の駅弁が、鉄道の中心ともいえる東京駅に集結。改札内にある弁当専門店「駅弁屋 祭グランスタ東京」「駅弁屋 踊グランスタ東京」、弁当だけでなく飲食もできる「GRANSTA」や「エキュート東京」。改札外にある「大丸」などでも駅弁を販売しているのだ。

なかでも、駅弁専門店である「駅弁屋 祭」は、約150種類ものラインアップを誇り、ここにくれば日本全国の駅弁が味わえるといってもいいほどだ。

北は北海道・阿部商店の「いかめし」や、山形・松川弁当店の「黒毛和牛のすき焼き 牛肉重」、兵庫・淡路屋の「ひっぱりだこ飯」、鳥取・アベ鳥取堂の「元祖かに寿し」、南は鹿児島・松栄軒の「佐賀牛焼肉重」など、全国それぞれの駅で人気の名物駅弁が揃っている。その種類の豊富さに目移りしてしまう。

見ているだけでお腹いっぱいになってしまいそうだが、さらにJR東京駅の東北・上越・北陸新幹線南のりかえ口前に「駅弁屋 祭 グランスタ東京」の人気商品を揃えた駅弁セレクトショップ「駅弁屋 祭 セレクト 新幹線南乗換口」が2028年初旬までの期間限定でオープンしており、何を選ぶか本当に迷ってしまう。

店名の通り、連日祭りのような人の賑わいなので、旅のワクワク感をさらに上げてくれるのも、また楽しい空間である。

第一章

北海道

- 道北
- 道東
- 道南
- 道央

宗谷本線 稚内駅

一部ここでも買えます！

東京駅、新宿駅、
浅草駅、千葉駅

※取り扱い商品は駅により異なる

稚内駅立売

稚内駅は日本最北の鉄道駅。稚内駅立売は、稚内駅ホームを舞台に1974（昭和49）年に駅弁の立ち売りをスタート、最北端の駅弁業者としての暖簾を守り続けてきた。現在は駅ビル「キタカラ」1階にある「ワッカナイセレクト」で駅弁を販売。

☎0120-32-3637

なまらうまいっしょ 海鮮弁当 1390円

惣菜べんとうグランプリ2023駅弁部門で金賞受賞。ずわい蟹など4種類の海鮮を1折で堪能できる。

実食Check ☐

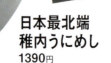

一番人気

日本最北端 稚内うにめし 1390円

醤油出汁で炊いたご飯の上に、蒸したウニが一面に敷き詰められていて、添えられたガリとだし巻き玉子のコンビネーションも美味。

実食Check ☐

北海道

四大かに弁当 実食Check
1490円
花咲カニ、毛ガニ、タラバガニ、ズワイガニが一度に味わえる！贅沢な味わいをご賞味あれ。

ずわい蟹いくらめし 実食Check
1290円
醤油出汁で炊いたご飯の上に盛られた、ズワイガニとイクラの絶妙なコンビネーションがたまらない。

ぶっかけいくら！北海道産ほたて弁当 実食Check
1390円
酢飯の上に北海道産の甘いホタテ、醤油出汁で煮込んだホタテとイクラがたっぷり盛られていて、食べごたえもある。

オホーツク流氷寿し 実食Check
1390円
目玉はオホーツクの流氷をイメージしたジュレ仕立てのズワイガニで、風味が引き立つ。イクラや甘エビなどとともに贅沢に楽しめる。

ロングセラー

旭川駅

函館本線・宗谷本線
石北本線・富良野線

蝦夷わっぱミックス 1390円
実食Check

秘伝タレで炊き上げたご飯の上に、カニ、イクラ、サーモン、ホタテなどがどっさり。見た目も食べ応えも、まさに「北海道らしい駅弁」の代表格。

北海道産ホタテステーキ牛すき弁当 1390円
実食Check

惣菜・べんとうグランプリ2024で優秀賞受賞。特製のバター醤油で味付けた北海道産の大粒ホタテとすき焼き風の牛肉煮がたっぷり。

一番人気

一部ここでも買えます！

東京駅、新宿駅、浅草駅、千葉駅、新大阪駅
※取り扱い商品は駅により異なる

旭川駅立売

明治32年の創業から120年の歴史を刻む北海道駅弁の老舗。旭川駅構内の売店のほかに、特急列車の発着に合わせてホームでのワゴン販売（金・土・日曜、祝日のみ）も行っている。
☎0120-32-3190

北海道

蝦夷あわび・ホタテの鉄板焼と海鮮寿し 1490円

醤油ご飯の上に盛られたニンニク醤油風味の蝦夷あわびとホタテのステーキが絶品。ズワイガニ、イクラ、甘エビのお寿しとともにどうぞ。

ぎんねこ監修 焼鳥弁当 1070円

旭川のソウルフード「新子焼き」で有名な焼鳥の名店「ぎんねこ」が監修。真っ黒な秘伝のタレが食欲をそそる。

北空に輝く海鮮ななつ星 1490円

ウニ、イクラ、サーモン、ズワイガニ、アワビ、甘エビ、ホタテと人気の海鮮7種と、酢をきかせた北海道の代表的なお米「ななつぼし」を一度に楽しめる。

北の海宝 海鮮 手綱寿し 1390円

カニ、シャケのほぐし身、イクラ、甘エビ、ホタテ、コーンを並べて手綱をイメージした見た目も美しい寿司弁当。副菜はひじき煮と菜の花漬け。

なまらうまいっしょ 三種の海鮮 いなりすし 980円

ズワイガニ、イクラ＆サーモン、甘エビをあふれんばかりに盛り付けた大きめ稲荷すし3種が一度に楽しめる。

北海道 函館本線 味めぐり 1390円

旭川から函館をめぐる旅をイメージした駅弁。いかめし、帆立とうきびご飯、蟹イクラめし、牛めしと食べて旅するラインナップに。

釧路駅

根室本線・釧網本線

一番人気

蟹・かに・CRAB
かにみそ入り
1490円

実食Check

本ズワイガニのほぐし身、棒肉、炒りガニ、肩肉など、いろいろな部位を楽しむことができる。カニ味噌に棒肉などをつけて食べても美味。

一部ここでも買えます！

東京駅、新宿駅、浅草駅、千葉駅、新大阪駅
※取り扱い商品は駅により異なる

釧祥館

道東観光の基点・釧路駅で駅弁を販売。特にタラバやズワイ、花咲といったカニや、イクラ、カキなど、北の港町らしい海の幸をふんだんに使った海鮮駅弁のレパートリーの広さに定評がある。駅横の直営店は閉店したが、現在は駅構内の北海道四季彩館で購入できる。

☎0120-32-3017

こぼれいくら！
サーモンちらし
1490円

実食Check

感嘆符の付いた「こぼれいくら！」というネーミングが秀逸である。酢飯の上のサーモンのピンクを覆い隠すように、たっぷりと盛られたイクラがワクワク感をかき立ててくれる。

ロングセラー

北海道

釧路のいかめし 890円
ご存知、ぷりぷりイカの中にモチモチご飯が入ったいかめし。秘伝のタレでじっくりと炊き上げ、味付けされた独特のやわらかな食感と風味をいかした「釧路のいかめし」も美味。

うにかにいくら弁当 1390円
ウニ、ズワイガニ、イクラという三大人気海鮮が一堂に会し、贅を尽くした弁当。ウニの下には錦糸卵、イクラの下にはシャケが敷き詰められている。

かきべん 1290円
カキの風味をいかした炊き込みご飯に、ぷっくりと炊き上げた味付けカキがズラリと並ぶ自慢のかきめし。頬ばるたびにカキの旨さが口いっぱいに広がる。

蝦夷あわび花咲かにめし牛鉄板焼弁当 1450円
ニンニク醤油を絡めた蝦夷あわびが丸ごと一個入っていて満足度高し！ ホタテのステーキと牛カルビをのせた醤油ごはんのほか、塩味の皮付き粉吹きイモも楽しめる。

網走駅
釧網本線・石北本線

帆立弁当
900円

炊き込みご飯の上に錦糸卵とともに、味付けしたホタテが10個以上もごろごろと並ぶ。オホーツク産ホタテの旨さを堪能できる。

モリヤ商店

オホーツク海に面した網走の老舗駅弁屋さん。昭和14年発売「かにめし」をはじめ、海の幸を活かした駅弁が好評。

☎ 0152-43-2015

かにめし
1200円 　一番人気

カニの風味が活きた炊き込みご飯に薄味仕立てのカニのほぐし身。錦糸卵・椎茸・コンブ佃煮とのバランスも絶妙な鉄板めし。

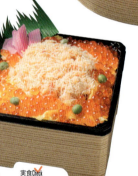

磯宴
1380円〜

オホーツクの海の幸を2種類ずつ味わえる駅弁で、写真はかに・いくら弁当と、うに・いくら弁当の3種。

オホーツク弁当
900円

北海道産ななつぼしのご飯に、オホーツク海で水揚げされたサケをはじめ和・洋・中のおかずをバランス良く配した定番の幕の内。

知床どり鶏めし
1000円

アクセントの山わさびがたまらない！ ビート糖を使用した特製醤油ダレに知床どりを漬け込み、香ばしくまろやかに仕上げた照り焼きがメイン。

まだある駅弁リスト
☐ いくら数の子弁当

北海道

根室本線
厚岸駅

ロングセラー

一番人気

氏家かきめし 実食Check
1250円

牡蠣の煮汁と秘伝のタレで炊き上げたご飯に、牡蠣・あさり・つぶ貝の海の幸と椎茸・フキの山の幸を盛り合わせた伝統の味わい。

一部ここでも買えます！

東京駅

ホームにお届け ／ 予約
※要予約

氏家待合所

1917年の厚岸駅開業とともに創業。食堂も兼ねた駅前の店舗で名物の『かきめし弁当』をはじめとする駅弁を製造・販売。到着2時間前までの連絡で厚岸駅のホームに出来たてをお届け。
☎0153-67-8090

道産帆立 ホタテめし 実食Check
1250円

北海道産ホタテの濃厚な旨みがぎゅっと詰め込まれた新作。蓋を開けると磯の香りがほのかに感じられるかも。

まだある駅弁リスト

☐ ほたてかきめし　☐ 帆立弁当
☐ かきおにぎり
☐ 旨い貝鮮 焼きサーモン牡蠣飯（12～3月限定）
☐ 厚岸いかめし（10～3月限定）

特製十勝牛のワイン漬ステーキ辨當

1300円 実食Check ☐

柔らかく肉汁たっぷりに焼き上げたワイン漬ステーキが旨い。牛肉と池田ワインという特産品をダブルで活かした、おもてなし駅弁。

一番人気

根室本線 池田駅

特製親子辨當

800円 実食Check

池田駅開業(明治37年)の翌年から販売。ふっくらご飯にフワフワ炒り卵、甘辛に味付けされたカリカリの鶏肉がのった、懐かしい味わい。

一部ここでも買えます！

札幌駅

ホームにお届け　予約

米倉屋(レストランよねくら)

池田駅唯一の駅弁屋さんで、現在は稀少な池田牛を味わえる駅前の『レストランよねくら』にて、駅弁や道東名菓「バナナ饅頭」を製造・販売。駅弁は事前予約でホームへのお届けも可能だ。

☎ 015-572-2032

北海道

函館本線 小樽駅

一番人気

海の輝き 2430円
実食Check

海のお花畑をイメージ。イクラやウニ、卵焼き、シイタケなどを酢飯の上に敷きつめたシシャモの卵が隠れるほど華やかに盛り付けている。

昭和の幕の内弁当 900円
実食Check

梅干をのせた白飯に、懐かしい郷土食「ニシン」の焼き物、あっさり味のホタテやエビ、野菜の煮物を盛り付けたシンプルにして心和む駅弁だ。

かにめし 1350円
実食Check

ご飯の上に敷き詰められたカニのほぐし身に、秘伝のタレでじっくり煮込んだもの。梅干、錦糸卵、シイタケ、グリーンピースとの相性もよし。

予約

小樽駅構内立売商会

北の商都として栄えた小樽で大正6年に創業。自慢の海の幸を活かした駅弁はもちろん、「昭和の幕の内」というネーミングが印象的なノスタルジーを感じさせる幕の内も人気がある。
☎0134-23-5281

函館本線 森駅

いかめし阿部商店
森駅の代名詞「いかめし」の元祖で、駅開業の明治36年創業。昭和16年発売の「いかめし」は今も伝統の製法で作られ、駅前の柴田商店にて販売。
☎01374-2-2256

ロングセラー

いかめし
990円　実食Check ☑

イカの胴に生米（うるち米ともち米の混合）を詰め、秘伝の甘辛ダレで炊き上げた名物駅弁。全国各地で催される多彩なイベントでも引っぱりだこの人気ぶり。

一部ここでも買えます！
東京駅

まだある駅弁リスト ☑
- いかめしレトルト
- いかめしコロッケ

北海道

函館本線
函館駅

ロングセラー

鰊みがき弁当
実食Check
1180円

昭和41年の発売以来、変わらぬ製法で受け継がれてきたみかどの代表作。骨まで柔らかいみがき鰊の甘露煮やパリッとした歯ごたえの味付数の子、茎わかめ醤油漬との相性も抜群。

一部ここでも買えます！

新函館北斗駅

ホームにお届け / 予約 / 宅配

JR北海道フレッシュキヨスク

明治時代より駅構内での食堂や食堂車の営業をしてきた大阪のみかどをルーツにもつ『函館みかど』。その歴史を2012年からJR北海道フレッシュキヨスクが引き継ぎ、伝統の味を今に残している。

☎0138-83-7288

大沼べご辨
実食Check
1380円

脂ののったブランド牛「はこだて大沼牛」を醤油甘だれと味噌だれで煮付けているので、1度に2種類の味わいが楽しめる。

函館みかどのいかめし
実食Check
1080円

「みかどのいかめし」をアレンジして復刻。秘伝のタレで煮込んだ濃厚な味わいに定評あり。食べやすく輪切りにカットされているのもうれしい。

貝の晶屓めし
実食Check
1280円

ホタテ、アワビ、ホッキ貝、ツブ貝の4種類をご飯の上にのせた貝づくしの逸品。ツブ貝ときんぴらごぼうの組み合わせは秀逸で、付け合わせの岩海苔と人参煮、玉子も美味。

北の家族弁当
実食Check
1280円

1973年のNHK朝の連続テレビ小説『北の家族』にちなんで発売。鰊の甘露煮や味付数の子、鮭焼き、ホタテ煮などのほか、駅弁には珍しい筋子も入った北海道ならではの味わい。

まだある駅弁リスト
- 蝦夷ちらし
- 山海贅沢ごはん
- 北の駅弁屋さん
- みかどのかにめし

函館本線 札幌駅

石狩鮭めし 実食Check
1350円
大正12年に販売開始という超ロングセラー。器一面にサケのほぐし身とイクラを敷き詰めたサケの親子駅弁は本場ならではの醍醐味。

ロングセラー

予約

札幌駅立売商会
創業125年を超える老舗。昭和18年から現社名となり、商号『弁菜亭』で札幌駅構内に駅弁店5店とそば処2店を持つ。ロングセラーから期間限定まで、幅広いラインナップに定評あり。
☎011-721-6101

一番人気

海鮮えぞ賞味 実食Check
1180円
酢飯の上に錦糸卵、カニ・イクラ・ウニ・ホタテを彩りも美しく並べた贅沢な海鮮ちらし寿司。これ1箱で蝦夷の海の幸を賞味できる。

四種盛りかに小箱弁当 実食Check
1380円
2024年9月に登場した新作。タラバガニ、本ズワイガニ、花咲ガニ、紅ズワイガニ4種類のカニめしが味わえる。

北海道

幕の内弁当 いしかり 1100円
実食Check

焼きサケやホタテ、牛肉煮、卵焼きなど、バランス良く並んだおかずに、つい迷い箸してしまいそうな札幌駅唯一の幕の内駅弁。

北海道名物 ジンギスカン丼 1180円
実食Check

冬季期間は加熱式のあったか弁当に！北海道の食文化遺産であるジンギスカンが手軽に味わえる。レンジ加熱がおすすめ。

蝦夷富士！これぞ北海道 海鮮溢れ盛り寿司【土日祝限定】2000円
実食Check

さまざまな旬の海鮮を蝦夷富士（羊蹄山）に見立てて山のように盛り付けた豪快めし。北海道を満喫したい方におすすめ。

知床 とりめし 1000円
実食Check

雄大な自然環境で育つ「知床どり」を使用。知床どりの炊き込みご飯の上に照り焼きがのり、野菜の煮物やサケかまぼことの相性もバツグン。

にしん数の子 押し寿司 1300円
実食Check

北海道産ニシンを使用した押し寿司。酢飯にもたっぷり数の子が入っていて、食感も楽しい。お土産としても定評がある。

まだある駅弁リスト
- 柳もち
- やまべ鮭寿し
- 北海道海鮮四色めし
- 北海道周遊おにぎり弁当
- あったか牛めし（冬季限定）
- ひぐまの贅沢おにぎり
- 三種の神器弁当
- 北海道三昧冬御膳（期間限定）
- ジンギスカンあったか弁当（冬季限定）

ご当地名駅弁 ●北海道編

都道府県別

留萌本線 留萌駅

にしんおやこ弁当
1500円 実食Check

茶飯に錦糸卵、甘露煮のニシンと薄塩の数の子がのった海の親子めし。前日までに予約を。
● 留萌駅立喰いそば店
☎ 090-7644-3774

宗谷本線 稚内駅

丸ずわい蟹むき身入弁当
1100円 実食Check

錦糸卵を敷いたご飯の上に、ズワイガニのむき身をメインに、ホタテやイクラをのせた、日本最北の人気駅弁。
● ふじ田 ☎ 0162-22-9702

釧網本線 摩周駅

摩周の豚丼
1200円 実食Check

網焼きしてタレを絡めた、香ばしい北海道産の豚ロースは濃厚な肉の旨みもボリュームもたっぷり。
● ぽっぽ亭 ☎ 015-482-2412

北海道

根室本線 釧網本線 釧路駅
釧路名産詰合せ さばのほっかぶりずし いわしのほっかぶりずし
1380円

まさに1度で2度おいしい！ いわしのほっかぶり寿司とサーモンもある。
● 弁当工房引田屋 ☎0154-51-5191

根室本線 釧網本線 釧路駅
いわしのほっかぶり 1380円

マリネ風の酢漬けイワシの上を「頬かぶり」のように薄くスライスした大根で被った人気の駅弁。
● 弁当工房引田屋 ☎0154-51-5191

根室本線 釧網本線 釧路駅
さばのほっかぶり
1380円

こちらはイワシの代わりにサバを使ったほっかぶり寿司。辛味はワサビ、大葉もアレンジしている。
● 弁当工房引田屋 ☎0154-51-5191

根室本線 帯広駅
ぶた八の炭焼あったか豚どん
1400円

漬けダレと掛けダレ、2つの秘伝ダレで味わい深い豚丼専門店『ぶた八』の駅弁。加熱式容器でいつでもホカホカ。
● ぶた八 ☎0155-29-0161

室蘭本線 母恋駅 室蘭駅
母恋めし
1500円

大きなホッキ貝の中にホッキたっぷりの炊き込みご飯のおにぎり。スモーク卵＆チーズも美味。
● 母恋めし本舗 ☎0143-27-2777

北海道

かにめし弁当 1250円
経木に掛け紙の器に、独自の製法で炒ったカニの ほぐし身がびっしりと敷かれた名物駅弁。
● かにめし本舗かなや ☎01377-2-2007

函館本線 長万部駅

鮭めし弁当 1150円
炒ったサケのほぐし身の上に、甘辛に仕上げた サケの切り身も。
● かにめし本舗かなや ☎01377-2-2007

函館本線 長万部駅

洞爺のホッキめし 1100円
ホッキの漬けダレで炊いたご 飯に錦糸卵、肉厚ホッキ、大 ぶりホタテの貝柱がド〜ン！ 白花豆がアクセントに。
● 洞爺駅構内立売商会 ☎0142-76-2521

室蘭本線 洞爺駅

ほたて街道 道中めし 1500円
北海道産の殻付き活ホタテ貝の貝柱を バター醤油風味に仕上げた新作。リン ゴのチップを使用し、一つ一つ丁寧に 燻製した味付きたまごとチーズも人気 がある。
● 母恋めし本舗 ☎0143-27-2777

室蘭本線 母恋駅 室蘭駅

第二章

東北

- 青森県
- 岩手県
- 秋田県
- 山形県
- 福島県
- 宮城県

八戸駅

東北新幹線／八戸線・青い森鉄道

ロングセラー

八戸小唄寿司
実食Check ☑
1280円

民謡「八戸小唄」から命名された伝統の味わい。三味線の胴の形をした器に、びっしり詰まった八戸近海産のサバと紅サケの押し寿司を、三味線のバチを模したヘラで切って召し上がれ。

一番人気

こぼれイクラととろサーモンハラス焼き弁当
実食Check ☑
1580円

ご飯の上にサケのほぐし身とサーモンのハラス焼き、さらにイクラ醤油漬けがたっぷりとトッピング。ほぐし身とイクラ、ハラスとイクラと、組み合わせて頬ばりたい。

一部ここでも買えます！

新函館北斗駅、
青森駅、新青森駅、
盛岡駅、仙台駅、
大宮駅、上野駅、
東京駅、新大阪駅

予約

吉田屋

八戸駅開業翌年の明治25年に創業した老舗。三陸八戸の海の幸を活かした伝統の味に加え、有名店とコラボレーションするなど、30種を超える幅広い駅弁メニューを誇る。東北新幹線の完全開業に伴い、現在は八戸駅以外に新青森や東京などの6駅でも購入可能だ。

☎0120-185-325

まだある駅弁リスト

- ☐ 津軽海峡 海の宝船
- ☐ 青森と三陸の食材100％寿司弁当
- ☐ 肉の宝石箱
- ☐ 八戸名物平目の漬け丼
- ☐ アルファエックス弁当
- ☐ むつ湾育ち青森ほたて味くらべ弁当
- ☐ 海鮮うにわっぱ
- ☐ E5系はやぶさ弁当
- ☐ 北海道新幹線H5系はやぶさ弁当
- ☐ 三陸産やわらか穴子めし
- ☐ 三陸カキ炙りと潮煮食べ比べ弁当
- ☐ 牛ステーキとあわびとかきの鉄板焼き弁当
- ☐ スタミナ源たれ 牛＆豚肉弁当
- ☐ みちのく和膳　ほか

東北

E5系 はやぶさ弁当 1380円
実食Check

「E5系はやぶさ」のパッケージに、チキンライスにオムレツ、ハンバーグがぎゅっ。鉄道ファンや子どもたちに人気で、次世代新幹線E956や北海道新幹線H5系のパッケージもある。

海女のうに弁当 1550円
実食Check

うっすら醤油風味のご飯にぎっしり敷き詰められた、磯の風味豊かなウニを心ゆくまで堪能できる。ガリとの相性もいい。

三陸産 煮穴子めし
実食Check
1400円

ふっくらと煮た三陸産穴子を丸々一本、甘辛いタレにつけ、香ばしく炙り焼きにした逸品。別添えの山椒をふりかけて召し上がれ。

八戸銘酒八仙の粕漬け ハラスのはらこめし
実食Check
1480円

酒蔵の八戸酒造が造る「陸奥八仙」の酒粕に漬けて焼き上げた鮭ハラスは脂がのっていて、酢飯との相性も抜群。

津軽海峡 海の宝船
1580円
実食Check

蒸しウニやイクラといった海の幸がご飯の上に敷き詰められ、きゅうりやシイタケ、とびこがいいアクセントになっている。

新青森駅

東北新幹線・奥羽本線

青森味紀行 イカとホタテと鶏めしの弁当
1680円

青森県産のホタテを筆頭に、ホタテスープで炊いたご飯、シャモロックスープで炊いたご飯、イガメンチなど青森の郷土料理が楽しめる。

幸福の寿し本舗

青森県内で大人気の老舗製パン『工藤パン』が昭和59年に設立し、分社独立。海の幸をいかしたわっぱ飯はもちろん、青森県産の食材を使用した「津軽づくし弁当」、「青森味紀行 イカとホタテと鶏めしの弁当」など、青森らしい駅弁も注目を集めている。

☎ 017-788-2234

一部ここでも買えます！

青森駅、八戸駅、盛岡駅、東京駅

予約　宅配

津軽づくし弁当
1600円

青森県産のサーモンを盛り付けた海鮮飯と、鰺ヶ沢の牧場で育った自然熟成豚を味噌ベースのたれで味付けした豚焼肉飯のコンビネーションがたまらない。

東北

青森県産 黒毛和牛 牛めし 1500円
実食Check

特製たれでじっくり炒めた青森県産の黒毛和牛と玉ねぎが格別。シャキシャキした玉ねぎの食感はそのままに、肉の旨みがしっかりしみ込んでいて、ご飯が進む。

やまざき ポークカツサンド 950円
実食Check

ビタミンEやアミノ酸含有量に優れた青森県産やまざきポークのロースカツを、軽くトーストした食パンでしっかりサンド。老舗の工藤パンが育んできた伝統が活かされている。

海鮮 小わっぱ 1600円
実食Check

ひとまわり小さめのわっぱ飯。ウニ、イクラ、カニ、茎ワカメ、ツブ貝といった人気の海鮮を贅沢にトッピング。磯の香りがほのかに漂う。

十和田 バラ焼き重 1500円
実食Check

2014年のB1グランプリを受賞した「十和田バラ焼きゼミナール」監修。甘辛い醤油ベースのタレでじっくり炒めた牛肉とタマネギが食欲をかきたてる。ご飯との相性も抜群だ。

まだある駅弁リスト

☐ 焼鯖寿司

一ノ関駅

東北新幹線
東北本線・大船渡線

岩手牛めし 1600円
実食Check

岩手県産黒毛和牛をタマネギや糸コンニャクとともに、自慢の特製ダレですき焼き風に仕上げた昔ながらの素朴な味わいに定評あり。加熱式容器なので、いつでもホカホカを味わえる。

ロングセラー

一部ここでも買えます！
盛岡駅、仙台駅、
上野駅、大宮駅、
東京駅、新宿駅

予約

斎藤松月堂

創業は明治23年。明治26年から一ノ関駅構内で営業を開始した130年を超える歴史を持つ老舗。岩手県産黒毛和牛のほか、ウニやイクラといった海の幸など、地元の特産品を使った「岩手一ノ関らしい駅弁」で伝統の味わいを守っている。

☎0191-26-3000

一番人気

鶏舞弁当 1180円
実食Check

1990年代頃まで販売されていた鶏舞弁当の復刻版。国産鶏肉の照り焼きは、こんがり焼き色も香ばしく、長く愛されている。

東北

平泉うにほたて重 実食Check
1780円

オリジナルの醤油ベースで煮込んだ蒸しウニと、大粒のホタテ、プリプリのいくらがぎっしり詰め込まれた贅沢な重箱。海の幸がてんこ盛りで食べ応えも十分。

金格ハンバーグと牛あぶり焼き弁当 実食Check
1650円

3種類のお肉の旨みを大満喫！あぶり焼きで仕上げた国産牛と、醤油と山椒で甘辛く煮込んだ特製スジ煮込み、格之進オリジナルの金格ハンバーグが一度に楽しめる。

盛岡じゃじゃ麺牛めし弁当 実食Check
1650円

オリジナルの肉みそが自慢の岩手3大麺の一つじゃじゃ麺とロングセラー商品牛めしが一度に味わえる。

鮭いくらまぶし弁当 実食Check
1450円

炊き込みご飯の上には、磯がほのかに香る刻み海苔をアクセントに、鮭ほぐし身と大粒のいくらが敷き詰められている。明太まぶしの白滝やフキなどの付け合わせも美味。

いわてあぶり焼き和牛弁当 実食Check
1450円

人気の「いわてあぶり焼き和牛弁当」が牛肉を20％増量してリニューアル。岩手県産ひとめぼれのご飯に、特製ダレであぶり焼きにした岩手県産黒毛和牛をぎっしりと盛り付け！

秋田駅

秋田新幹線・奥羽本線・羽越本線

特製牛めし
1200円

ロングセラー

関根屋創業当時から販売されていた超ロングセラー。あきたこまちのご飯の上を伝統のスープでじっくり煮た牛肉と糸コンニャクが覆う。がんも煮やぜんまい煮、うぐいす豆も美味。

実食Check

E6系 こまちランチ　1580円

実食Check

屋根の赤が鮮やかな秋田新幹線E6系こまちの容器に、味付けご飯やエビフライ、オムレツなどのおかずがのった鉄道ファンや子ども達に人気の駅弁。もちろん容器はお持ち帰りを。

一番人気

一部ここでも買えます！
東京駅
※取り扱い商品は駅により異なる

予約 ※東京駅は要確認

関根屋
明治35年に創業し、2021年にはなんと120周年を迎えた。創業以来のロングセラー「特製牛めし」は旅人はもちろん、地元の人にも愛される看板駅弁。ハタハタや比内地鶏をはじめ、秋田の郷土食を活かした幅広い駅弁メニューに定評あり。
☎018-833-6461

まだある駅弁リスト☑
- ☐ 秋田比内地鶏いいとこどり
- ☐ 秋田比内地鶏とり玉丼　☐ わっぱ舞茸（秋季限定）
- ☐ 秋田牛と岩手黒豚とあきたこまちのお弁当

東北

秋田比内地鶏 こだわり鶏めし
1380円 実食Check ☑

あきたこまちを使用し、秋田県産比内地鶏のガラスープで炊いたご飯に、比内地鶏の照り焼きとつくねが美味。付け合わせには、じゅんさい、ぜんまいも付いている。

秋田肉三昧弁当 1380円 実食Check ☑

秋田県産黒毛和牛「秋田錦牛」に、十和田湖高原ポーク、秋田比内地鶏と、秋田を代表するブランド肉3種類が一度に楽しめる。

秋田比内地鶏弁当 1500円 実食Check ☑

炭火焼き鳥風に仕上げた比内地鶏がたっぷり。別添えの七味をかけて、味の変化を楽しもう。

特上サキホコレ弁当 1780円 実食Check ☑

サキホコレ弁当の豪華版。ご飯の上に盛り付けられた比内地鶏のそぼろ肉や秋田牛煮など、具材と彩りにこだわったおかずがいっぱい。

サキホコレ弁当 実食Check ☑
1350円

秋田米新品種「サキホコレ」が主役。すき焼き風の秋田牛煮や比内地鶏のミニメンチ、いぶりがっこなど、秋田の味覚が満載。

大館駅

奥羽本線・花輪線

鶏めし弁当 980円 実食Check ☑

あきたこまちを鶏の煮汁と醤油、砂糖で炊いたご飯に、甘辛煮の鶏肉とそぼろ卵、付け合わせは漬物と煮物。シンプルで旨い、伝統の味わい。

ロングセラー

一部ここでも買えます！
秋田駅、青森駅、新青森駅

ホームにお届け ／ 予約 ／ 宅配
※弁当種類、地域により異なる

花善
明治32年の大館駅開業日から駅弁販売開始。昭和22年発売の「鶏めし」は、味・ボリューム・価格の三拍子が揃った名物駅弁として全国区の人気を誇る。大館駅前には御食事処もある。
☎0186-43-0870

比内地鶏の鶏めし 1300円 実食Check ☑

定番の「鶏めし」を大館産の比内地鶏を使ってグレードアップ。やさしい甘さの鶏ご飯に、歯ごたえのある比内地鶏の塩焼きがベストマッチ！

3種の鶏めしいなり 630円 実食Check ☑

2019年にパリで販売し、好評を博した逸品。小松菜の和え物や、ショウガの効いた鶏そぼろなど、鶏めしとは異なる味わいが新鮮。

鶏めし玉手箱 550円 実食Check ☑

定番の「鶏めし」と鶏肉のパン粉揚げやレンコンの田楽味噌和えなど、手の込んだおかずがぎっしり。2段重ねでこの価格という驚きの玉手箱。前日13時までに予約を。

まだある駅弁リスト ☑
☐ 彩華鶏めし弁当（完全予約）
☐ 花善の厳選鶏めし二段重（完全予約）

046

東北

米沢駅

山形新幹線
奥羽本線・米坂線

一番人気

牛肉どまん中
1480円
実食Check ☐

山形県産米「どまんなか」のご飯には、醤油ベースの秘伝タレで煮た牛肉と牛そぼろがたっぷり。厳選素材が旨さを引き立てる。

三味 牛肉どまん中
1650円
実食Check ☐

人気の「牛肉どまん中」を定番の甘辛醤油味だけでなく、しお味、みそ味と3種類を食べ比べ、味くらべが楽しめるお得なバージョン。

牛肉どまん中 しお
1480円
実食Check ☐

山形県産米「どまんなか」をふっくら炊き上げ、その上に醤油味の牛そぼろと特性の塩だれで味付けした牛肉煮がたっぷり盛られている。

牛肉どまん中（カレー）
1480円
実食Check ☐

子どもでも食べられる辛さがクセになる！上品なカレー風味に、秘伝のタレがほのかに香る衝撃の美味しさをぜひ。

一部ここでも買えます！

赤湯駅、福島駅、東京駅、上野駅、大宮駅、仙台駅
※全駅「牛肉どまん中」のみ

予約

新杵屋

大正7年に菓子店として創業し、昭和32年から駅弁販売を開始。山形新幹線開業に合わせて発売した「牛肉どまん中」は全国区の人気を誇る。牛肉を使った駅弁を多彩に取り揃え。

☎0238-22-1311

まだある駅弁リスト ☑

☐ 牛肉どまん中 みそ
☐ 元祖牛肉弁当
☐ 牛そぼろ弁当　☐ 栗めし弁当
☐ 幕の内弁当

山形駅

山形新幹線　奥羽本線・仙山線

山形名物山形牛いも煮弁当
実食Check ☐
1380円

煮汁で炊いたご飯の上に、山形のソウルフードいも煮と山形牛を使用した牛肉煮などの具材がのる。やわらかく煮たタケノコの穂先も美味。

一部ここでも買えます！

仙台駅、東京駅、大宮駅

ホームにお届け　予約　宅配

もりべん

昭和20年創業で80周年を迎える。牛肉を甘辛い特製ダレで煮た牛めしをはじめ、地産地消をモットーとした駅弁で山形の味を提供。
☎023-623-1380

一番人気

山形牛牛めし弁当
実食Check ☑
1350円

創業当時の味を守り抜く自慢のタレで煮込んだ山形牛がご飯の上にたっぷり。牛肉煮とそぼろのシンプルな味わいが後を引く。

東北

ロングセラー

みちのく弁当の旅
1300円 実食Check

ご飯の上には、牛肉煮を筆頭に、ゼンマイやタケノコなどの山菜煮や栗などが並ぶ。山形名物の玉こんにゃくも添えられている。

だし巻玉子と鮭はらこ飯 **1280円** 実食Check

鰹と昆布の出汁で味付けされた甘さ控えめのだし巻玉子と、宮城の郷土料理である鮭はらこめしを醤油ベースの炊き込みご飯で召し上がれ。

だし巻玉子と鶏飯 **1200円** 実食Check

コクのある山形県産ハーブ鶏を使用。香ばしい鶏そぼろと、こんがり焼いたモモ肉の旨みを引き立てるご飯ももちろん山形県産だ。

まだある駅弁リスト
- だし巻玉子と山形牛しぐれ煮弁当
- 蔵王のお釜めし

蔵王のお釜めし
1150円 実食Check

山形県産米「はえぬき」を醤油ベースで炊き上げ、自慢の山形県産ハーブ鶏をトッピング。野趣あふれる味わいに定評あり。山形名物の玉こんにゃくも美味。

米沢駅

山形新幹線・奥羽本線・米坂線

復刻版 米沢牛肉すきやき弁当
1380円　実食Check ☐

1964(昭和39)年、東京オリンピックの年に販売をしていた「すきやき弁当」を復刻。秘伝の割り下で煮込んだコクのある米沢牛が味わい深い。掛け紙も当時のデザインを再現。

一部ここでも買えます！
山形駅、仙台駅、福島駅、東京駅、横浜駅、大阪駅

予約

松川弁当店
明治32年の米沢駅開業とともに創業し、駅とともに125年の歴史を刻んできた。人気のブランド牛「米沢牛」などの牛肉を使ったバラエティー豊かな駅弁ラインナップを誇る。もちろん、ご飯には「はえぬき」や「つや姫」などの山形県産米を使用。

☎0238-29-0141

鯉弁当
【米沢駅限定】**1380円**　実食Check ☑

ロングセラー

100年以上の歴史を誇るロングセラー。トロトロと長時間かけて煮込んだ鯉の甘露煮は、名君・上杉鷹山公が奨励した「米沢の鯉」の伝統を今に伝える。2日前までの完全予約制。

まだある駅弁リスト ☑
- ☐ 黒毛和牛すきやき牛肉重
- ☐ 米沢名物すきやき弁当
- ☐ 鮭はらこ飯
- ☐ 活〆あなごめし
- ☐ 山形旅めぐり弁当
- ☐ 1号機関車弁当
- ☐ 山形新幹線つばさ弁当

東北

米澤牛牛肉辨當 1380円

秘伝のタレでじっくりと煮込み、味をしみ込ませた米沢牛を大満喫できる。お肉の旨みとタレのコクで思わずご飯が進んでしまうはず。

米沢牛炭火焼 特上カルビ弁当
1980円

職人が丁寧に手切りでさばいた米沢牛の特上カルビを、炭火で香ばしくジューシーに焼き上げた極上の焼肉弁当。旨みの詰まったシウマイが2個付いて、ボリュームもたっぷり。

牛宝弁当 1580円

山形の宝と称される米沢牛と山形牛の味くらべ。ジューシーな山形牛のカルビ焼肉と、自慢の割り下でじっくりと煮込んだ米沢牛のすき焼きが楽しめる。

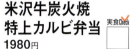

牛肉道場 1450円

ふっくらとしたご飯の上に、秘伝のタレでじっくり煮込んだ牛肉煮と牛そぼろをダブルで盛りつけたスタミナ弁当。食べ応えも十分！

米澤牛焼肉重 松川辨當
1780円

レトロな立売風景の掛け紙の下には、山形県産「はえぬき」のご飯に、秘伝のタレで香ばしく焼き上げた焼肉、傍らには甘酢あんを絡めた肉団子。2つの味で米沢牛を楽しめる。

郡山駅

東北新幹線
東北本線・磐越西線

一番人気

海苔のりべん
1200円 実食Check ☐

あさか舞コシヒカリに、みちのく寒流海苔や、秘伝のそばダレで炒った特製おかかがのった2段のりべん。脂ののった焼き鮭や手焼きの大きな卵焼きなど、丁寧に作ったお袋の味を。

一部ここでも買えます！
福島駅、新白河駅、会津若松駅

予約

福豆屋

大正13年の創業で、2025年で101年目を迎える。冷めてもおいしい地元産「あさか舞コシヒカリ」をはじめとする地の食材をいかして、手間暇かけた駅弁作りを実践。東日本大震災後、復興支援で訪れた人々の口コミから評判となった「海苔のりべん」は全国区の人気を誇る。

☎024-943-0528

福豆屋の牛めし **1300円** 実食Check ☐

福島県産牛を使った牛めし。冷めてもおいしいあさか舞コシヒカリのご飯と、脇にキンピラゴボウを従え、しっかりと味付けした牛肉煮の旨い組み合わせ。これが福豆屋の牛めし。

東北

相馬野馬追弁当
1200円 実食Check □

伝統の祭り「相馬野馬追」をモチーフにした期間限定商品。三献の儀にちなんだ、アワビに見立てたイカ、クリ、コンブが目を引く。

山菜栗めし
【秋季限定】
900円 実食Check □

炊き込みご飯の上に、甘いクリがゴロゴロンとのっている。自家製のシイタケ煮や山菜とのバランスもいい。里山ハイキングに持って行きたくなる駅弁。

三春滝桜べんとう
【春季限定】 **1200円** 実食Check □

里山ごはんに、三春三角揚げ煮、さわらの塩麹焼き、ささみの梅しそ巻揚げと、春をたっぷり感じられる味わいが勢ぞろい。

会津を紡ぐわっぱめし **1200円** 実食Check □

会津の伝統工芸「会津木綿」のデザインを使用したカラフルな掛け軸が目印。会津地鶏のそぼろや玉子、てんぷらや煮物が味わえる。

海苔のり弁
887 1400円 実食Check □

海苔ご飯には、郡山産最高級米「ASAKAMAI 887」を使用。松川浦産あおさ海苔や福島県産の牛肉など、こだわりの地元産食材にも定評あり。

まだある駅弁リスト ✓
- □ 海苔のり牛めし
- □ ふくしま路　おとなの秋ごはん（秋季限定）
- □ 驛辨浪漫〜幕ノ内編〜

常磐線・磐越東線 いわき駅

うに貝焼き食べくらべ駅弁
1580円

ホッキの貝殻に盛ったウニを炭火で焼く郷土料理「貝焼きウニ」と、「蒸しウニ」を食べ比べ。

やっぱり煮魚だっぺ!!弁当
1280円

高級魚のキンキを贅沢な大きさにカットし、程よい味付けの煮つけに仕上げた豪快なお弁当。

カニピラフ
1280円

秘伝のカニエキスで炊き上げたピラフの上にたっぷりとのせたカニ身がとっても贅沢な味わいを醸し出す。お米一粒一粒にしみ渡ったカニの風味をぜひ。

一部ここでも買えます！
泉駅、湯本駅

予約

小名浜美食ホテル
宿泊施設ではなく、いわきの食と買物を楽しめる観光商業施設。平成17年に10年途絶えていたいわき駅の駅弁製造・販売を復活させ、その後は次々と新作を登場させている。

☎0246-54-3409

常磐線全線開通記念 鰹づくし
1080円

小名浜港といえば、なんと言ってもカツオ！いわきならではのカツオの揚げびたしやフレークなど、太平洋のカツオを堪能できる。

東北

小名浜名物 カジキソースカツ丼
実食Check
1080円

白飯の上にソースをたっぷりまとったカジキマグロのカジキフライがど〜ん。ジューシーかつヘルシーな味を楽しませてくれる。

カジキづくし弁当 1180円
実食Check

揚げ、焼き、燻製と、それぞれ異なる調理法で旨みを引き出したカジキ料理を堪能できる。

川俣シャモの シャモ鍋弁当
実食Check
1400円

鶏の炊き込みご飯に、川俣町特産「川俣シャモ」のモモ肉や肉団子、つくねのほか、たっぷり野菜のシャモ鍋風煮がのった、いわき駅初の肉系駅弁。

浜べん
実食Check
1480円

令和2年常磐線全線開通の記念弁当として、福島県浜通りのおいしいモノを詰め合わせ。

まだある駅弁リスト ✓
- 浜街道 潮目の駅弁
- うに弁
- 磐城の国
- フラベん

仙台駅

東北新幹線・東北本線
常磐線・仙山線・仙石線

独眼竜政宗辨當
実食Check
1400円

昭和61年に発売され、リニューアルを経て今なお人気のロングセラー。おにぎり3種のほか、政宗の生涯になぞらえて岩出山・仙台の名産品を使ったおかずも丁寧な仕上げ。

こばやし

大正9年創業。「独眼竜政宗辨當」や「網焼き牛たん弁当」などのロングセラーとともに、新作駅弁にも積極的で幅広いラインナップを誇る。昭和61年には全商品をササニシキに、平成9年からはひとめぼれのみを採用するなど、美味しいご飯を基調にした、仙台らしい弁当作りに勤しむ。
☎022-293-1661

一番人気

網焼き牛たん弁当 実食Check
1480円

麦飯の上にのった塩焼き牛たんの温かな香りが食欲をそそる。平成2年に加熱式容器を使い地元グルメ「牛たん焼き」を初めて駅弁にした「元祖」の系譜を受け継ぐロングセラー。

東北

炙り牛たんと
A5仙台牛弁当 1780円
実食Check

ひとめぼれの白飯の上に旨塩味で炙った分厚い牛たんがズラリと並ぶ。その傍らには柔らかく煮た最高品質A5ランクの仙台牛も。冷めても変わらないホンモノの旨さに舌鼓を。

大つぶ帆立と
牛たん弁当
1780円
実食Check

香ばしく焼き上げたビックサイズの帆立と、特製の塩だれで熟成された仙台名物の牛たん焼きがたっぷり味わえる。

仙臺
味噌仕立て
牛たん弁当
1380円
実食Check

伊達政宗が城下で作らせた味噌が由来という伝統の「仙臺味噌」の豊かな風味を活かした牛たん焼きがド〜ンとのった駅弁。定番の塩焼きとはまたひと味違う牛たんをたっぷりと。

宮城の郷土料理
はらこめし 1680円
実食Check

シャケの身を煮込み、その煮汁で炊いたご飯がとにかくうまい。ご飯の上に煮込んだシャケとプリプリのイクラをのせた宮城の郷土料理。

057

伊達武将隊弁当
1380円

奥州仙台おもてなし集団「伊達武将隊」がモチーフ。伊達政宗、伊達成実、片倉小十郎など、各武将のゆかりの地にちなんだ名物が味わえる。

ネギ塩牛たんと牛たん角煮弁当
1680円

牛たんのねぎ塩焼と牛たんの角煮を盛り合わせた加熱式。仙台名物の牛たんに別添のネギ塩だれをかけて召し上がれ。

伊達のかきめし
1680円

ひとめぼれをカキの煮汁を使ったカキご飯の上に、甘辛味にふっくらと炊き上げた「伊達の釜ゆでかき」が5つ。加熱式容器なので、風味豊かなホカホカのカキめしが味わえる。

極撰炭火焼き牛たん弁当
1880円

特製塩だれに漬け込み、旨みをより一層引き出した牛たんを炭火で丁寧に焼き上げた仙台名物。ヒモを引くだけで温まる加熱式容器で、やわらかい牛たんとあったかい麦めしが味わえる。

まだある駅弁リスト
☐ みやぎまるごと弁当

東北

むすび丸弁当
1300円

仙台・宮城観光PRキャラクター「むすび丸」がモチーフ。海と山の幸に恵まれた宮城県ならでは味わいが楽しめる。

厚切り真たん牛たん弁当 **2380**円

希少な部位「真たん」の厚切りを、昔ながらの麦飯に敷き詰めた逸品。とってもボリューミーで「食べごたえ」「噛みごたえ」に自信あり!

仙台牛ひとめぼれ
1480円

宮城県内で育つ和牛の中で「仙台牛」と名乗れるのはA5およびB5ランクのみ。誇り高きブランド牛の旨さを、ブランド米「ひとめぼれ」のご飯とともにじっくりと味わおう。

仙台名物牛たん弁当
2080円

あったまる加熱式弁当の中で最も厚い牛たんを味わいたいならコレ。特製塩ダレで熟成させることで旨みをアップ!

仙台駅

東北新幹線・東北本線
常磐線・仙山線・仙石線

東北福興弁当
～繋げよう、東北の絆 1680円

実食Check

一番人気

東日本大震災からの福興支援駅弁第12弾。青森県や秋田県、山形県など、バラエティに富んだ東北6県のおかずがびっしりと詰まっている。

駅弁屋 祭 仙台店

JR東日本クロスステーションフーズカンパニーが運営する駅弁屋。仙台駅2階コンコースには「駅弁屋 祭」と、牛たん弁当専門の「牛たん駅弁屋」もある。

炭火焼風
牛たん弁当 1380円

実食Check

宮城県塩釜沖の海水を海藻を通し、煮詰めて造った塩竈の藻塩を仙台名物の牛たん焼きにかけて召し上がれ。加熱機能付容器を使用でいつでもほかほか。

東北

青森県

都道府県別
ご当地**名**駅弁
● 東北編

東北新幹線 **八戸駅**

青森のぜいたく弁当
1650円
実食Check ✓

青森の広い海の幸を存分に味わえるサーモンとサバのお寿司8貫のほか、鳥唐揚げや玉子焼き、ゴボウの昆布巻きとゴボウ漬も付いている！
● 三咲羽や（みさわや） ☎0176-57-3481

津軽めんこい懐石弁当 ひとくちだらけ
1500円
実食Check ✓

24マスに仕切った器に24種の津軽郷土料理や名産がひと口サイズで。見た目もカワイイ人気駅弁。
● つがる惣菜 ☎0173-35-4820

奥羽本線 **新青森駅**

奥羽本線 **弘前駅**

ばっちゃ御膳
1400円
実食Check ✓

貝焼き味噌やいがめんち（イカゲソのミンチ）、棒鱈煮付けなど、津軽料理遺産の伝統料理がたっぷり。
● あきたや ☎0172-35-8888

東北

岩手県

三陸鉄道 久慈駅

うに弁当 実食Check
2500円

ウニの炊き込みご飯の上に蒸しウニをたっぷりのせたウニづくしの人気弁当。絶対に食べたいなら事前予約がおすすめ。
● 三陸リアス亭
☎0194-52-7310

IGRいわて銀河鉄道 いわて沼宮内駅

やわらか煮弁当 実食Check
1680円

赤身の旨さで知られる岩手短角和牛をじっくりとやわらかく仕上げ、肉の優しい旨みを教えてくれる。
● 肉のふがね ☎0195-62-2403

宮城県

東北本線 仙台駅

牛たん味くらべ 実食Check
1350円

仙台名物の牛たんを定番の塩焼き・味噌焼きに加え、つくね照り焼き・そぼろ煮の4種の味で。
● ウェルネス伯養軒 ☎022-382-8940

福島県

会津鉄道 芦ノ牧温泉駅

ソースカツ丼弁当 実食Check
1500円

全国丼グランプリ金賞受賞『牛乳屋食堂』のソースカツ丼が駅弁に。代々継ぎ足しのソースが決め手。
● 牛乳屋食堂 ☎0242-92-2512

東北本線 仙台駅

鮭はらこめし 実食Check
1580円

宮城県亘理町の郷土料理としても有名。特製の煮汁で味付けした鮭と、プチッと弾けるイクラとの相性がバツグンの人気商品である。
● ウェルネス伯養軒
☎022-382-8940

第三章

関東甲信越

- 新潟県
- 群馬県
- 栃木県
- 茨城県
- 東京都
- 千葉県
- 神奈川県
- 山梨県
- 長野県

直江津駅

信越本線・えちごトキめき鉄道

一番人気

さけめし 1600円
実食Check

汐コンブの炊き込みご飯の上に、サケのほぐし身がたっぷりと散りばめられ、イクラや奈良漬けなどが添えられている。お酒との相性もよさそう。

ロングセラー

鱈めし 1600円
実食Check

新潟県産のご飯に、棒ダラと塩タラコ、タラの親子漬けなどを豪快に盛り付け。素材一つ一つに、ホテルならではのこだわりが感じられる。

二大将軍弁当 2000円
実食Check

ホテルハイマートが誇る二大駅弁が一度に味わえる！ 汐昆布の炊き込みご飯がおいしい鱈めしとさけめしの饗宴に添えられた、錦糸玉子やわさび漬け、奈良漬けもまた美味。

磯の漁火 1750円
実食Check

ニシンのコンブ巻やサザエ煮、カニ身入りの天然モズクなど、本格的な料理店の味わいがラインナップ。上質の海苔を使ったおにぎりも味わい深い。

一部ここでも買えます！
上越妙高駅
予約

ホテルハイマート

日本海縦貫線の要衝の一つ、直江津駅前に位置するシティホテルで、駅弁の製造・販売も手がける。駅弁屋としての歴史は古く、地域色を大胆に打ち出した味が支持を集め、今や人気も全国区に。
☎025-543-3151

まだある駅弁リスト
- □ かにずし
- □ ほたてごはん
- □ 上越後ふるさと弁当
- □ あとひく いなり寿し
- □ 海の幸弁
- □ とりめし
- □ 幕の内（春日山・塩浜・直江津・長浜 ※予約販売のみ）

関東甲信越

一番人気

越後湯沢駅

上越新幹線・上越線

いくら たらこめし
1200円

魚沼産コシヒカリのご飯に、イクラとタラコをたっぷり贅沢にトッピング。シンプルさゆえに、素材の味がぐっと引き立つヒット作。

川岳軒

昭和6年の創業以来、地元魚沼産のコシヒカリをはじめ、地元の食材や水にこだわり続ける。また、越後の海の幸もふんだんに取り入れられ、素材のよさを存分に引き出したアイディア駅弁が揃う。
☎ 025-783-2004

紅鮭で コシヒカリ **1200円**

紐を引っ張るとお弁当が温まる加熱式。おいしい鮭を南魚沼産コシヒカリで食べたいというニーズに応えて、シンプルに仕上げている。素材本来の美味しさが際立つ。

牛〜っと コシヒカリ **1200円**

新潟県産牛を濃い目の甘口に仕上げた牛肉煮を白飯の上に敷き詰め、タマゴ焼きやカマボコなどをプラス。素朴かつ上質な味わいが楽しめる。

特製 かにずし **1050円**

酢飯の上に甘酢仕立てのズワイガニほぐし身を煮シイタケとともに豪快に散らした丼。ほのかな潮の香りがコシヒカリの酢飯とよく合う。

まだある駅弁リスト
- くるみ山菜すし
- 雪国弁当
- 駒子弁当
- ほくほく弁当
- すきすき弁当

長岡駅

上越新幹線・上越線・信越本線

一番人気
越後長岡 喜作辨當
1280円　実食Check □

ふっくらと炊き上げた長岡産コシヒカリによく合う神楽南蛮とりだんごや長岡黒いなり、味噌漬といった地元の名物を用い、上品な仕上がりに。詰め合わせた料理にセンスが光る。

池田屋

明治20年創業の老舗。地産地消をモットーに、地元産の素材や地元老舗店の味わいをいかした駅弁などで知られる。故郷を感じさせる見た目の素朴な美しさにも注目。
☎0258-33-2430

花火寿司
1580円　実食Check □

「食で花火を体験する」をコンセプトにリニューアル。箱の中には花火に見立てた4種の寿司がそれぞれ小鉢に詰められている。

ロングセラー
牛めし　実食Check □
1120円

池田屋秘伝の牛肉のうま煮の下には、きんぴらごぼうがぎっしり。お肉ときんぴらごぼうが奏でる旨みたっぷりの絶妙なコンビネーションをお楽しみあれ。

066

関東甲信越

新津駅

羽越本線・信越本線

一部ここでも買えます！
新潟駅、仙台駅、東京駅、大宮駅、上野駅、新宿駅

予約

三新軒
「鉄道の街」として古くから栄えた新津で昭和3年から駅弁屋を商う名店。新潟県産の素材を持ち味にしたユニークなメニューでも知られ、売場で目移りしてしまうかも。
☎0250-22-1111

焼漬鮭ほぐし弁当 1300円
一番人気

三新軒の味として定評のある「鮭の焼漬」がご飯にたっぷり！ 舞茸煮やオクラと菊ナメコの和え物など、箸休めにもこだわりが感じられる。

押し競寿司 1250円

「押し競」という名の通りに、「炙り塩〆鯖」と「鮭の焼漬」の押し寿司が競演する。サバのほどよい脂加減とサケの旨みが酢飯とよく合う。

雪だるま弁当 1250円

食べ終わった後には貯金箱になるという雪だるま型容器には、コシヒカリのご飯に、鶏の照焼きや味付きの数の子、山菜煮などを満載。

鮭の焼漬箱入りむす美 920円

「鮭の焼漬」をほぐし、新潟産コシヒカリのおにぎりにイン！ タマゴ焼きや野菜の煮物などを添え、ピクニック弁当風の仕上がりに。

まだある駅弁リスト
- 新潟牛トン弁当
- 鮭の焼漬弁当
- 新潟和牛弁当
- たれカツ重

新潟駅

上越新幹線 / 信越本線・越後線

のどぐろとにしんかずの こさけいくら 1550円

高級魚であるノドグロ（アカムツ）の塩焼きと、サケの塩焼き、ニシン煮、かずのこ、醤油漬けイクラを盛り付けた贅沢な味わいは一度食べたら病みつきに。

えんがわ押し寿司 1480円

厚くて食べ応えのあるカレイのえんがわを神尾特製の甘酢でシメた逸品。看板商品のさけずしとともに味わえる紅白押し寿司も人気がある。

鮭はらす弁当 1380円

佐渡産あごだしに漬けて焼き上げた鮭はらすは、脂の旨みがたっぷりのっていて、口の中でとろける味わい。新潟県産コシヒカリとも相性抜群。

一部ここでも買えます！

新津駅（「SLばんえつ物語号」運行日限定）、東京駅、仙台駅、羽田空港

予約　宅配

神尾弁当部

新潟駅開業以前の明治30年創業。その当時にあった北越鉄道における駅弁販売からスタートする。サケをはじめ、越後の特産品をいかした商品作りを手がけている。
☎0250-22-5511

まだある駅弁リスト

- 彩ちらし
- 雪の舞
- 小町ちらし
- 特製越後五目ずし
- 数の子ずし
- さけずし
- 越後五目ずし
- 紅白押し寿司
- えんがわサーモンいくら
- もち豚まいたけ弁当
- 越後釜めし山の幸
- 鮭ざんまい
- ぶりかつ弁
- 豚鶏（とんとり）弁当
- あがの姫牛VS越後もち豚
- あがの姫牛と焼き鮭弁当

SLばんえつ物語弁当 1380円

焼きサケやニシンの煮つけ、ダイコンの味噌漬け、野菜の煮染め、かまぼこなど、バラエティ豊かなおかずが揃う。

関東甲信越

新潟駅

上越新幹線・信越本線・白新線

えび千両ちらし
1580円
実食Check ☐

フタを開けると一面に厚焼きタマゴが！ その下には、蒸しエビやウナギの蒲焼き、塩イカの一夜干しなどが整然と並べられ、むきエビのおぼろが海鮮風味を上品に仕上げている。

一番人気

一部ここでも買えます！
仙台駅、東京駅、上野駅、大宮駅、新宿駅

新発田三新軒
三新軒の姉妹会社。「えびすし」など、新発田駅の駅弁で親しまれていたが、同駅改装などを機に新潟駅に移転。三新軒との共同調理場を持つが、異なる品揃えを展開。新発田駅は新津駅に続いて三新軒が出店した駅で、その伝統を受け継いだ味が新潟駅で守られている。

☎0250-21-6220

牛玉小判
1620円
実食Check ☐

えび千両ちらしを思わせるスタイルが好印象。酢飯の上に、ブランド牛「新発田牛」100%のしぐれ煮を盛り付け、その上にはおなじみの厚焼きタマゴも。

まさかいくらなんでも寿司
1350円
実食Check ☐

おどけたネーミングは、酢飯にのったマスとサケ、カニ、イクラから。あっさり風味で食べやすく、旨さが後を引く。一品ごとの味わいとともに盛り付けの美しさもご堪能あれ。

佐渡朱鷺めき弁当
1250円
実食Check ☐

上越新幹線「とき」にちなんで発売。佐渡産コシヒカリをはじめ、一夜干しのイカなど、佐渡の食材をいかした幕の内スタイル。銀鮭の塩焼きなど、郷土の味が勢ぞろい。

新潟駅

上越新幹線
信越本線・越後線

一番人気

村上牛しぐれ
1400円

実食Check ✓

村上市をはじめとする新潟県北部で飼育されている村上牛。柔らかな肉質が特徴の上質肉を秘伝のタレで煮込んだ、時雨煮とそぼろ煮は格別。

一部ここでも買えます！
東京駅、新宿駅、上野駅、仙台駅、大宮駅
※取り扱い商品は駅により異なる

予約

新潟三新軒

地場の素材、とりわけお米は新潟産コシヒカリ100％にこだわり、品質管理を徹底。地元新潟の食材を使用し、郷土料理をいかした駅弁を手がける。
☎025-244-1252

お母ちゃんの愛情弁当 新潟米膳
1350円

実食Check ✓

鮭の焼き漬けやにいがた和牛のしぐれ煮、南蛮味噌など、バラエティ豊かなおかずとともに味わう新潟産コシヒカリは格別！ご飯の美味しさを改めて実感できるはず。

070

関東甲信越

鮭はらこうにのせ弁当
1300円

いくらの醤油漬け、蒸しうにに、鮭ほぐし身、椎茸、錦糸玉子が彩り豊かにラインナップ。新潟産コシヒカリ米を使用した酢飯も味わいを引き立てる。

新潟産コシヒカリと海鮮のうまいもん寿司
1450円

ニシンの甘酢漬けやズワイガニのむき身、鮭ほぐし、蒸しウニ、とろろ昆布など、新潟産コシヒカリ米と海の幸をたっぷりと味わえる。

鮭の押寿司 **1300円**

昭和57年（1982年）の上越新幹線開業と同時に発売。天然紅鮭をスライスし、独自の塩加減で味付けした、発売当時から変わらないシンプルな味わいを。

きざみわさびで食べるにいがた和牛牛めし弁当
1300円

ブランド牛の新潟和牛を使用。刻みわさびを付けて食べていただくと、和牛本来の旨みがより一層引き立つ。添えられた半熟煮たまごとも相性ばっちり。

鮭はらこ弁当 **1200円**

鮭のそぼろとイクラのみりん醤油漬け、錦糸卵、刻みシイタケに茎メカブを添えた海鮮丼。ふんだんに盛られた見た目も素晴らしい。

まだある駅弁リスト
- 村上牛しぐれとうなぎ弁当
- 新潟コシヒカリ弁当
- あわしまの島弁
- 小鯛寿司

信越本線 横川駅

ロングセラー
一番人気

一部ここでも買えます！
軽井沢駅、安中榛名駅、清里駅

予約 ※峠の釜めしのみ

荻野屋

碓氷峠を控えた峠の駅・横川駅で1885（明治18）年に創業した「峠の釜めし」などで知られる老舗。駅弁の製造・販売のほかドライブインなどで自慢の味を提供している。

☎ 027-395-2311

峠の釜めし
1400円 実食Check

1958（昭和33）年発売の人気駅弁。益子焼の釜を用いた炊き込みご飯で、鶏肉やクリ、タケノコなどの具材を丁寧に味付け。横川駅の代名詞に。

峠の鳥もも弁当
1100円 実食Check

ローストした骨付き鶏モモ肉をまるごと1本！ コンニャクなどとともに添えられたレバーや砂肝は独特の臭みもなく味わえる。

玄米弁当
900円 実食Check

玄米を小豆やハト麦とともに炊き込み、きんぴらごぼうやがんもどき、ヒジキの煮物などのおかずを詰め、ヘルシーに仕上げている。

関東甲信越

高崎駅
上越線 / 上越・北陸新幹線

ロングセラー

だるま弁当
1400円 実食Check

だるま製造で知られる高崎の名物駅弁。だるまを模した容器には、山菜キノコ煮や鶏八幡巻、コンニャクといった豊富なおかずと茶飯をぎゅっ。

鶏めし弁当 1300円 実食Check

ほのかに醤油の香りが漂う茶飯に、鶏そぼろと鶏の照焼き、海苔をトッピング。クリの甘露煮や舞茸入り肉団子などが添えられ、彩りも豊か。

一番人気

予約　宅配

高崎弁当

高崎駅の名物駅弁「だるま弁当」をはじめ、個性あふれる駅弁を打ち出す。創業は1884（明治17）年と古く、駅弁以外にもサービスエリアの運営など幅広い事業を展開する。
☎0120-56-2571

上州D51弁当 1450円 実食Check

上越・信越本線はSL列車の運行でも人気の路線。竹筒ご飯に榛名豚チャーシューなどをのせた「上州D51弁当」は、土日祝限定で販売している。

上州舞茸弁当
1400円 実食Check

舞茸ご飯に舞茸の天ぷら、舞茸の佃煮風味、舞茸入り肉団子と、群馬県特産の舞茸をたっぷり味わえる！

まだある駅弁リスト
- ☐ 上州牛肉弁当
- ☐ 特製幕の内弁当
- ☐ チャーシュー弁当
- ☐ うなとり重

宇都宮駅

東北新幹線・東北本線

一番人気

いっこく野州どり弁当
1000円

いっこく野州どりは下野国（現在の栃木県と群馬県の一部）名産の地鶏。茶飯に野州どりの照焼きやそぼろ、つくね寄せをのせ、煮タマゴやワサビ漬けを添えた定番人気のとりめしだ。

鮎めし 1150円

アユの炊き込みご飯の上には、中骨までやわらかく煮込まれた栃木産のアユが丸ごと一尾のっている。あっさりとしたご飯に、甘辛い濃いめのうま煮がよく合う。

一部ここでも買えます！

東武日光駅

ホームにお届け　予約

松廼家

「駅弁発祥の地」としても知られる宇都宮駅構内で、各種駅弁を取扱う明治26年創業の老舗。伝統を守りつつ、仕出し料理なども展開する。湯波やとちぎ霧降高原牛など、地元の食材を使った郷土色あふれるメニューが揃う。

☎0285-81-7250

関東甲信越

岩下の新生姜とりめし
1000円

地元の老舗である岩下食品とコラボ。新生姜の炊き込みご飯と、いっこく野州どりのそぼろの絶妙コンビに、黒酢ソースで味付けした鶏つくね、人参のクルミ和えなどが添えられている。

とちぎ霧降高原牛めし
1300円

駅弁誕生130周年を記念して、2015年に発売開始。地元産コシヒカリのご飯に、霧降高原牛を豪快に盛り付けたスタミナ弁当。煮タマゴや新生姜漬がアクセントに。

とちぎゆめポークのポークソテー弁当
1200円

駅弁味の陣2024で盛付賞を受賞。加熱方法にこだわっているから、お肉は厚さも固さも程よくおいしい。添えられたたまごそぼろにもオリジナリティが光る。

駅弁第一号握り飯弁当
600円

シンプルイズベスト！明治18年にごま塩おにぎり2個を竹皮で包んで売り出したのが始まりといわれる駅弁を再現。

まだある駅弁リスト ☑

- ☐宮小町 ☐芭蕉気分 ☐宮の釜めし ☐七福むすび
- ☐うわさの弁当 ☐玄氣亭 ☐玄氣いなり
- ☐ふるさと幕の内 ☐大人の休日〜駅弁発祥地より〜車辨當
- ☐下野山菜弁当 ☐下野玄米弁当 ☐日光強めし
- ☐日光杉並木 ☐ジャズの宮 ☐よくばりスタミナ弁当

※一部商品予約必須

水戸駅

常磐線・水戸線・水郡線

一番人気

常陸牛牛べん
1350円 実食Check □

茨城県常陸牛振興協会認定の黒毛和牛を使用。牛肉は甘めのタレを用いてスキヤキ風にアレンジされているほか、煮タマゴや湯葉などを添え、上品かつ贅沢に仕上げている。

一部ここでも買えます!

勝田駅、上野駅、東京駅、新宿駅、大宮駅、新大阪駅
※取り扱い商品は駅により異なる

釜揚げしらす弁当
1350円 実食Check □

パッケージに「大洗名物」と明記されている通り、ご当地名物の釜揚げシラスをダイナミックに山盛り! アンコウの唐揚げや明太子、野菜の煮物が並び、シラスの上には水戸名物の梅干しも。

しまだフーズ

水戸駅を代表する駅弁屋さん。旧来の駅弁業者のあとを引き継ぎ、平成23年より駅弁の開発・販売に取り組む。地元のブランド牛である常陸牛をはじめ、アンコウ、しゃも、しらす、梅干しなどの名産を生かしたアイデア駅弁でも知られる。
☎ 029-297-4757

偕楽園弁当
1380円 実食Check □

釜揚げしらす、煮物、焼き魚、ゆば、玉子焼きなどご当地味覚の魅力がバラエティ豊かに詰まった幕の内弁当。日本三名園として知られる偕楽園の色彩を表現している。

関東甲信越

あんこう三昧弁当 1280円
実食Check

常陸の海といえば、アンコウ料理。豊富なコラーゲンでヘルシー食品としても人気があるアンコウは、あん肝のほか、味噌煮と唐揚げにしてトッピング。香ばしいみその炊き込みご飯にベストマッチ！

偕楽園 梅鯖寿司 1480円
実食Check

肉厚の国内産シメサバがおいしい！偕楽園をイメージし、茨城県産米の酢飯にはカリカリ梅とショウガをプラス。ユニークな食感が楽しめる。

常陸牛 厚切りカルビ 焼肉弁当 1600円
実食Check

常陸牛の厚切りカルビがたっぷり味わえる。添えられたナムルは茨城産の小松菜を使用。ご飯は常陸牛のそぼろで味付け。地元の素材をふんだんに盛り込んだ豪快な焼肉弁当だ。

あったか牛・豚茨城 ブランド食べくらべ 1680円
実食Check

ほかほか温ったか！ブランド牛「常陸牛」のすき焼きと銘柄豚「常陸の輝き」の味噌漬けが豪快に盛られた贅沢スタミナ弁当。

まだある駅弁リスト ☑
- ☐ ローズポーク 豚べん
- ☐ 常陸牛と山の恵み弁当
- ☐ 常陸牛のすき焼きと常陸の輝きの生姜焼き辨當
- ☐ あさりごはんと釜揚げしらす弁当

東京駅

東海道・東北・上越・北陸新幹線
東海道本線・中央本線・京浜東北本線

チキン弁当
900円
実食Check

販売から60周年を迎えたロングセラー。鶏唐揚げにスモークチーズや紫キャベツとニンジンとビーツのサラダ、ドライトマトのオイル漬けが添えられ、トマト風味のライスを引き立てる。根強いファンに愛されている伝統の駅弁だ。

ロングセラー
一番人気

日本ばし大増
東京駅をはじめ、上野・新宿・大宮駅などで駅弁を販売しているJR東日本クロスステーションが継承する老舗ブランド。首都圏主要百貨店などにも出店し、「江戸味」を代表する伝統の煮物は、「東京駅弁」にも使われている。

東京弁当 2000円
実食Check

日本ばし大増の江戸うま煮、浅草今半の牛肉たけのこ、魚久の銀だら京粕漬など、何から箸をつけるか迷う。でも、最後は舟和の芋ようかんでシメ。東京の老舗7店の味を詰め合わせた、贅沢な味わいを。

まだある駅弁リスト ☑
- ☐ まぐろいくら弁当
- ☐ 30品目バランス弁当

関東甲信越

牛すきと牛焼肉弁当 1300円
実食Check

甘辛に仕上げた関東風のすき焼きと網焼き牛カルビが一度に楽しめるスタミナ弁当。もやしナムルや結び白滝煮などが添えられている。

まぐろいくら弁当 1450円
実食Check

辛みをつけた漬けマグロと、イクラしょうゆ漬けがどっさり。錦糸玉子や生姜甘酢漬け、刻みわさびの彩りも美しい。

新幹線E7系弁当 1350円
実食Check

JR東日本商品化特許済

おなじみの新幹線E7系を模したお弁当箱がユニーク。おにぎりのほか、鶏唐揚、海老フリッター、ポークウインナー、肉団子などが入っていて、食べた後も楽しめる。

鮭といくら弁当 1580円
実食Check

2024年7月24日発売のニューフェイス。魚介の旨みを炊き込んだ茶飯に、脂がのった三陸産の銀鮭と醤油漬けのマスイクラをたっぷり味わえる。

深川めし 980円
実食Check

アサリの旨みを炊き込んだ茶飯に、江戸甘味噌と生姜であっさり仕上げたアサリの深川蒸しと、香り豊かなごぼうの炒り煮を盛り込んだ東京名物。

千葉駅

総武本線・外房線

マンヨーケン

昭和3年創業の老舗で、千葉駅を中心に地元の駅弁を提供し続ける。郷土色あふれる千葉らしいラインナップをそのままに、創業以来「万葉軒」の名称で親しまれてきた、老舗の味わいを守り続けている。

☎043-224-0666

一部ここでも買えます！

東京駅

予約

一番人気

トンかつ弁当 700円

実食Check ✓

白飯の上に丸ごと1枚トンカツをのせたシンプルな駅弁で、700円という価格もうれしい。主役の豚ロースカツは、揚げた後にソースに浸したもの。箸休めにタケノコ煮やゴマ昆布が付く。

ロングセラー

菜の花弁当 880円

実食Check ✓

ご飯にのせた鶏そぼろと煎りタマゴを千葉の県花である菜の花に見立てている。アサリ串をアクセントに、はりはり漬けや奈良漬けも添えられており、見た目も爽やか。

関東甲信越

トンかつ菜の花弁当 1000円 実食Check

一番人気のトンかつ弁当とロングセラーの菜の花弁当がちょっとづつ一度に味わえる！魅惑のコラボレーションをぜひ。

万葉寿司 実食Check
780円

懐かしの味わいが復刻版にて再登場。いなり寿司に、太巻き寿司と干瓢巻き、甘酢生姜というオーソドックスなスタイルで安定のおいしさ。

ジャンボかつ弁当 820円 実食Check

もっと食べたいと欲するファンの期待に応えて、トンかつ弁当をさらにボリュームアップ！添えられた赤ウインナーが味わいを引き立てる。

やき肉弁当 実食Check
920円

自家製のタレで一枚一枚、丁寧に焼き上げた焼肉が食欲をそそる。ボリュームもたっぷりで、タレの染みたご飯も格別の旨い！

まだある駅弁リスト

- ☐ 千葉寿司街道 秋刀魚
- ☐ 元気豚佐倉味噌漬け弁当
- ☐ ひれかつしゅうまい弁当
- ☐ 潮干狩り弁当

万葉弁当 実食Check
1100円

万葉軒時代から受け継がれてきた定番の幕の内。エビフライとマグロの照煮、アサリ串、肉団子、ピーナッツ味噌、昆布巻など、郷土色豊かな13種の惣菜が白米の味を引き立てている。

関東甲信越

お赤飯弁当
1200円 実食Check ☐

お祝いの席はもちろん、ちょっとした記念日にもおすすめ。シウマイを筆頭に、ちょっぴりうれしい気分になれる上品な味わいのおかずもぎっしり。

幕の内弁当
1270円 実食Check ☐

食べ応えも十二分！ 俵型ご飯に、赤魚の照り焼き、とんかつ、海老フライ、鶏の唐揚げ、筍煮などなど、人気のおかずがラインナップ。

炒飯弁当
1050円 実食Check ☐

パラッとした食感が人気の炒飯に定番のシウマイや鶏の唐揚げ、塩焼そばなど楽しいおかずをプラス。ボリュームも満足の人気メニューだ。

横濱中華弁当
1280円 実食Check ☐

横浜名物シウマイや海老のチリソース、野菜と黒酢の酢豚など中華の人気料理を揃え、幕の内風に。彩りの美しさも食欲を誘う。

しょうが焼弁当
930円 実食Check ☐

やわらかく冷めてもおいしい豚肉のしょうが焼きがメイン。甘辛な味付けが食欲をそそり、ご飯によく合う。

まだある駅弁リスト ☑
- ☐ 季節弁当
- ☐ かながわ味わい弁当
- ☐ 松花堂弁当
- ☐ お赤飯シウマイ弁当
- ☐ 横濱ピラフ
- ☐ いなり寿司

大船駅

東海道本線・横須賀線・根岸線

鰺の押寿し 1150円

ロングセラー

アジの切身を伝承の合わせ酢でしめた押し寿司。あっさりと上品な味わいはお酒にもよく合う。関連商品に「鰺と小鯛の押寿し」（1080円）や「鱚押寿し」（750円）なども。

大船軒サンドウヰッチ 580円

ロングセラー / 一番人気

創業の翌年から販売されている看板商品。ご当地ブランド・鎌倉ハムを使ったボンレスハムサンドとチーズサンドをレトロ調のボックスに。素朴な味わいは今なお人気が高い。

一部ここでも買えます！

東京駅、上野駅、大宮駅、新宿駅、品川駅、藤沢駅、鎌倉駅、逗子駅、小田原駅、熱海駅
※取り扱い商品は駅により異なる

湘南鎌倉 大船軒

ロングセラーの「大船軒サンドウヰッチ」や「鰺の押寿し」で知られる大船軒。明治31年創業から続くブランドをJR東日本クロスステーションが継承。大船駅のほか、東京駅などで多店舗展開をしている。

関東甲信越

しらす弁当 1100円　実食Check ☑

シラスは湘南名物のひとつ。ゴマ油でさっと炒めた国産シラスは風味も抜群。桜エビや醤油漬けイクラ、アオサノリなどが添えられ、潮の香りを凝縮した旨さが楽しめる。

押寿し詰合せ
（小鯵・小鯛・銀鮭・海老）
1100円　実食Check ☑

伝統の合せ酢でしめた小アジと脂ののった中アジの押寿し、小鯛の押寿しと、3種類2貫ずつの詰め合せ。見た目以上に食べ応えも十分。

大船軒の
すけろく 700円　実食Check ☑

甘辛い寿司揚げで包み込んだ、昔ながらのいなり寿司と6種の具が入った太巻に、かんぴょう巻とかっぱ巻をトッピング。手軽にお腹を満たせる。

やまゆり
牛しぐれ煮弁当
1150円　実食Check ☑

神奈川県産のブランド牛として知られる「やまゆり牛」としらたきを、すき焼き風のしぐれ煮に仕上げ、ご飯の上にたっぷり盛り付け。ご飯もがんがん進むボリュームめし。

小田原駅

東海道新幹線・東海道本線

ロングセラー

鯛めし
980円

明治40年に登場した超ロングセラー。相模湾のマダイをおぼろに仕上げ、秘伝の調味料でコクと香りのある味に。アサリ佃煮や蒲鉾などを添えた海の幸づくしの一品。

一部ここでも買えます！

熱海駅、国府津駅、東京駅、新宿駅

予約

東華軒

明治21年、国府津駅において東海道本線で最初となる駅弁販売をはじめた老舗。小田原駅では同駅開業翌々年の大正11年から駅弁の販売を開始。相模湾をはじめ、近海の素材を生かした品目を主力に取り揃え、ケータリングなどの事業も展開している。
☎0120-70-1186

一番人気

デラックスこゆるぎ弁当
1100円

茶飯にタマゴそぼろと鶏そぼろをちらし、鮭の塩焼きや鶏照焼きなどを名産の梅樽を模した経木の曲物に盛り付け。こゆるぎ（小由留木）は小田原の由来とも言われる旧地名。

関東甲信越

小鯵押寿司 1280円
実食Check

相模湾は良質なマアジの産地。塩でシメた地場産のマアジを酢漬けにした関西風の押し寿司弁当で、その味わいから左党にも人気が高い。明治36年から続く定番駅弁でもある。

ロングセラー

炙り金目鯛と小鯵押寿司 1480円
実食Check

名産のキンメダイの皮を炙り握り寿司に。身を塩で引き締めた後、酢に漬け込んだキンメダイの香ばしさは絶品。2種類の寿司が一度に楽しめる。

よりどりみどり鶏ざんまい 1150円
実食Check

国産鶏の西京味噌焼をのせたのり弁に、炭火焼鶏をのせた鶏飯、秘伝の鶏そぼろと玉子そぼろに鶏つくね串を添えた鶏が主役の三色弁当。

うなぎと金目鯛と銀鮭の味わいのっけ弁当 1480円
実食Check

フタを開けると、そこに並ぶのはウナギの蒲焼きとキンメダイの煮付け、銀鮭の西京焼きの3品。どれもしっかりとした味わいで、お酒との相性も抜群だ。

銀だらの味噌ゆう庵焼弁当 1350円
実食Check

信州味噌、醤油、酒、みりんをブレンドした味噌ゆう庵の特製だれにつけ、焼き上げた銀だらは脂ものっていて絶品。ひじき煮や香の物もご飯に合う。

まだある駅弁リスト
- 金目鯛西京焼弁当
- 満開花見弁当（2～4月限定）
- おたのしみ弁当
- 箱根山麓弁当 カルビ＆ロース
- 釜揚げしらすとじゃこのお楽しみ弁当

小淵沢駅 中央本線・小海線

丸政
中央本線と小海線が接続する小淵沢駅を拠点に駅弁の製造・販売を営む。八ヶ岳高原のイメージを生かしたアイデア駅弁でも知られ、各種メディアに取り上げられるほど。駅弁のほか、駅そばや土産物店などもあり、幅広く展開している。
☎0551-36-2521

信州名物山賊焼弁当　1280円　実食Check

山賊焼は松本市や塩尻市をはじめとする長野県中信地方の郷土料理。鶏唐揚げの一種で、すりおろしニンニクとタマネギベースの醤油ダレを用いた、濃厚かつ豪快な味わいをお試しあれ！

一部ここでも買えます！
甲府駅、茅野駅
※取り扱い商品は駅により異なる

予約

ロングセラー

高原野菜とカツの弁当　1200円　実食Check

1970（昭和45）年に登場した人気駅弁。チキンカツを主菜に、レタスやミニトマト、セロリなどを盛りつけ。衛生上の問題から使いづらい生野菜をはじめて用いた駅弁としても知られる。

関東甲信越

元気甲斐
2000円

TV番組企画をきっかけに商品化。上品な経木折詰の二段重ねで、ヤマメの甲州煮や鶏の柚子味噌あえなど、京都と東京の人気料亭が知恵を絞った本格的な日本料理が楽しめる。

一番人気

そば屋の天むす 880円

エビ天を具とした、子持ちキクラゲの佃煮ご飯のおむすびが5つと、小腹が空いたときにぴったりのボリューム感。出汁のきいたエビ天の味わいとキクラゲご飯の食感はオリジナリティに富む旨さ。

信州名物野沢菜入りかつサンド 980円

野沢菜とカツサンドをコラボした茅野駅限定販売のサンドイッチ。長野県産豚を使った風味豊かなトンカツに野沢菜独特の歯ごたえが不思議とよく合う。ブランチにもおすすめだ。

まだある駅弁リスト
- □ 小淵沢丸政の信州牛御辨當
- □ 直火炊き 山菜鶏釜めし
- □ 甲州かつサンド
- □ 八ヶ岳高原玉子と炭火焼肉弁当
- □ E353系あずさ弁当

松本駅

篠ノ井線・大糸線

大糸線の旅
1350円

実食Check ☐

JR東日本「駅弁味の陣」で味覚賞を受賞。大糸線沿線にある男性長寿日本一の松川村にちなんで、郷土料理研究家の横山タカ子先生が健康・長寿をテーマに監修した。

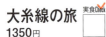

ホームにお届け　予約

イイダヤ軒

大正9年の創業以来、一貫して松本駅の駅弁を商うほか、松本駅前や同駅ビルなどでソバ屋を経営。地元信州の郷土色を生かし、地場産の素材をふんだんに用いた駅弁はバラエティ豊か。食べ比べをおすすめしてみたい駅弁屋さんのひとつだ。

☎0263-32-2319

ロングセラー

月見五味めし
980円

実食Check ☐

ときの松本城主・石川数正が月見櫓で宴を催したことに因み、満月をイメージしたゆで卵がユニーク。豚肉煮やゼンマイ煮、ワカサギ甘露煮、リンゴしそ巻などが茶飯上を彩る。

関東甲信越

山賊焼 900円
中信地方名物の山賊焼をふんだんに盛り込んだ豪快弁当。安曇野産米の旨みを引き出す、山ゴボウやワサビ漬け、舞茸の煮物、長芋の天ぷらといった地の味覚が添えられている。

信州アルプス牛 牛すき重 1300円
信州アルプス牛は冷涼な気候と山々に抱かれた大自然が育むブランド牛。霜降りの上質さは折り紙つきで、舞茸とともにタレに漬け込んだすき焼き風の仕上がりは足を運ぶ価値大!

信州地鶏めし 1000円
地鶏の信州福味鶏を香ばしく照焼きに。無農薬栽培のリーフレタスに色鮮やかな赤トサカをのせるなど、安曇野の自然とマッチした仕上がりだ。安曇野米とともにじっくり味わいたい。

安曇野ちらし 1000円
安曇野の春をイメージしたちらし寿司。錦糸玉子(黄)や菜の花(緑)、鮭の切り身や紅生姜(赤)などが弁当全体にちりばめられており、見た目にも美しい。

櫓膳 1200円
信州色を満遍なくちりばめた幕の内弁当。ソースカツや鶏の味噌炒め、野沢菜油炒め、リンゴゼリーなどが彩り豊かに並ぶ。ごはんは地元・安曇野産米を炊き上げている。

まだある駅弁リスト
- 信州山ごはん米豚のめし
- 安曇野釜めし
- 城下町のおごっつぉ

ご当地 名駅弁

関東甲信越編

群馬県

わたらせ渓谷鐵道 神戸駅

やまと豚弁当 1200円

キメの細かい肉質で、柔らかさが持ち味のやまと豚を使用した焼肉重。醤油ベースのタレがさらにおいしさを引き立てている。
- 列車のレストラン清流
- ☎0277-97-3681

わたらせ渓谷鐵道 神戸駅

トロッコ弁当 1200円

地元産の舞茸を天ぷらや混ぜご飯にして味わえる幕の内弁当。購入には電話予約注文がおすすめ。
- 列車のレストラン清流
- ☎0277-97-3681

栃木県

東武鉄道 日光線 東武日光駅

ささむすび 1080円

ます寿し、ちらし寿し、姫ちらしと、おむすびをかたどった3種類の笹巻き寿しが5個入っている。手軽さも人気。
- 日光鱒鮨本舗 ☎0288-26-6550

東武鉄道 日光線 東武日光駅

SL大樹日光埋蔵金弁当 1500円

「SL大樹」の運行開始に合わせて登場。日光高原牛のしぐれ煮などをつまみながら、ちらし寿司を味わおう。
- 日光鱒鮨本舗
- ☎0288-26-6550

東武鉄道 日光線 東武日光駅

ゆばちらし寿司 1100円

湯葉をびっしりと敷き詰め、エビや野菜の煮物を添えた、ゆば専門店ならではの上品な味わい。
- 油原 ☎0288-54-1627

関東甲信越

茨城県

水郡線 常陸大子駅

奥久慈しゃも弁当 1200円 実食Check

全国特殊地鶏味の品評会で1位を獲得したことがあるシャモのモモと胸肉のコク深い旨みがとことん味わえる。要予約。
●玉屋旅館 ☎0295-72-0123

大洗鹿島線 大洗駅

三浜たこめし 1100円 実食Check

タコの生産世界一を誇る三浜(さんぴん)とは、大洗に、湊(現:那珂湊)、平磯と、茨城県にある3つの浜の総称。タコの風味をきかせたおこわに、やわらかい煮タコが5切れも!
●万年屋 ☎029-267-5104

常磐線 水戸駅

水戸印籠弁当 1250円 実食Check

水戸黄門の印籠を重箱にアレンジ。豚肉の梅和えや青梅の甘露煮、つくば鶏といったバラエティ豊かなおかずと炊き込みご飯でお腹も大満足。
●万年屋 ☎029-267-5104

大洗鹿島線 大洗駅

茨城の芋ごはん弁当 1100円 実食Check

茨城県産のお米を使って、茨城県産のサツマイモやレンコン、ごぼうの甘辛煮、人参煮、笠間の栗、つくば鶏照り焼きなど、茨城のおいしさをぎゅっ。
●万年屋 ☎029-267-5104

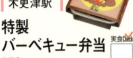

千葉県

内房線
木更津駅

特製バーベキュー弁当
870円

「浜屋のバー弁」の愛称で親しまれる人気商品で、直火で焼き上げた国産豚ロース肉に、秘伝のタレが絶妙にからむ。
●吟米亭 浜屋 ☎0438-22-4161

いすみ鉄道
大原駅

忠勝弁当
【土日祝日の限定予約販売】1200円

地産豚肉を使い、ホカホカサクサクに仕上げた大ぶりのトンカツはさすが専門店の味！予約必須なので要注意。
●傘屋 ☎0470-86-3535

いすみ鉄道
大原駅

いすみの宝石箱
【土日祝日の限定予約販売】1500円

発売当時に走っていた黄色いレールバスを模したパッケージが目を引く。いすみの食材をギュギュっと詰め込んでいるので、さまざまな味が楽しめるだけでなく、食べ応えも十分。土日の購入なら木曜まで、祝日は2日前の予約が必須。
●傘屋 ☎0470-86-3535

関東甲信越

東京都

日本橋 幕之内
1450円 実食Check

銀鮭塩焼をメインに、牛肉とゴボウのすき煮や天ぷら、あさりとネギの和え物、江戸前海苔入り餡をかけた焼豆腐など、東京の味わいを満喫できる。
● JR東海リテイリング・プラス

東海道新幹線 東京駅・品川駅・新横浜駅

ヒレかつサンド
(6切) 845円(税別) 実食Check

パンから具材まで、ソフトな仕上がりに定評のあるとんかつ専門店のヒレかつサンド。オリジナルソースの味わいも抜群！
● 井筒まい泉 ☎0120-863-971

東海道本線 東京駅・品川駅

「利久」牛たん丼 たれと塩のW弁当
1380円 実食Check

仙台の牛たん専門店「利久」自慢の牛たんを、2つの味で食べ比べ。特製だれはもちろん、塩だけで仕上げた牛たんも麦ごはんと相性抜群。
● JR東日本クロスステーション

東海道本線 東京駅・品川駅

叙々苑カルビ弁当
3400円 実食Check

叙々苑の味わいが手軽に楽しめる焼肉弁当。秘伝の特製だれにからめて、香ばしく焼き上げた良質の和牛カルビをぜひ。
● 叙々苑 ☎03-3455-2255

東海道新幹線 東京駅・品川駅

深川めし
1200円 実食Check

あさりの旨みたっぷりのご飯に、穴子の蒲焼、あさりの煮付、海苔の佃煮、おかかの醤油和え、べったら漬をトッピング。魚介の味てんこ盛り！
● JR東海リテイリング・プラス

東海道本線 東京駅・品川駅・新横浜駅

関東甲信越

東京都

東武鉄道 浅草駅
すき焼弁当 1620円
実食Check

選び抜かれた国産黒毛和牛と白滝、椎茸、丁字麩などを伝統の割り下で、一つひとつ丁寧に煮上げた浅草今半流のすき焼弁当。
● 浅草今半 浅草弁当工房 ☎03-5830-1616

東武鉄道 浅草駅
ヨネスケのこだわり天むす 940円
実食Check

落語家のヨネスケさんが監修する天むす6個入り。天ぷらの具材には、エビやホタテ、鶏、レンコンなどを使用。
● 東武商事 ☎03-3623-0387

長野県

北陸新幹線 長野駅
信州鶏南蛮弁当 900円
実食Check

特製の鶏唐揚げに南蛮ダレをからめた逸品で、信州安曇野産わさびを混ぜ込んだタルタルソースとともに召し上がれ。キビの一種、ソルガムが入ったご飯との相性もよい。
● デリクックちくま ☎0120-97-1986

北陸新幹線 長野駅
信州御肉三昧 1800円
実食Check

ご飯にのった信州肉の三重奏は、まるで名峰連なる北アルプスの絶景のよう?!牛味噌しぐれ煮、豚角煮、鶏そぼろと、信州産お肉3種の味わいが楽しめる。
● デリクックちくま ☎0120-97-1986

北陸新幹線 長野駅
和牛めし弁当 1800円
実食Check

リンゴで育てられた信州牛のをすき焼き風に仕上げました。シンプルかつ贅沢な牛めしをぜひ一度お試しあれ。
● お弁当のカワカミ ☎0263-52-1234

第四章

東海

- 静岡県
- 愛知県
- 三重県
- 岐阜県

伊東駅

伊東線・伊豆急行線

一番人気

鯛どんたく弁当
990円 実食Check

小判型の器に盛ったご飯に鯛おぼろをまぶし、ホタテ唐揚げ、椎茸の煮付などを添える。どんたくとは、日曜日を意味するオランダ語だとか。

いなり寿し
6個入 880円 実食Check
3個入 460円

創業以来の味を守る看板商品。甘く濃い目に味付けた油揚げで酢飯を包む素朴ないなり寿しに生姜漬けがベストマッチ。

ロングセラー

とりめし弁当 **990円** 実食Check

まずは大振りの鶏の照焼を堪能。椎茸の煮付けやタケノコ煮、卵焼きなどのおかずも盛りだくさん。バランスの取れた味わいだ。

一部ここでも買えます！
下田駅

駅弁の祇園

伊東駅で60年以上にわたり駅弁を提供する名店。終戦直後の昭和21年、甘く味付けしたいなり寿しの製造・販売で産声を上げ、観光客などに親しまれてきた。
☎ 0557-37-3366

おにぎり弁当 **880円** 実食Check

シャケとワカメ、梅干しの3種おにぎりに鶏唐揚げと卵焼き、タタキゴボウなどが付く。姉妹品の赤飯おにぎり弁当もおすすめ。

まだある駅弁リスト ☑

- ☐ 幕の内弁当
- ☐ 特製幕の内弁当
- ☐ 五目ちらし寿し
- ☐ ぽんかま（ちらし寿し）
- ☐ おにぎりランチボックス
- ☐ 赤飯幕の内弁当
- ☐ おこのみ幕の内弁当
- ☐ ぎおんのからあげ

東海

沼津駅

東海道本線・御殿場線

一番人気

港あじ鮨
1080円　実食Check ☐

静岡近海のアジが心ゆくまで味わえる。シソの葉を帯状に巻いたにぎりとワサビ葉巻き、青じそを使った太巻きを天城産の生ワサビ醤油でいただく。3〜4月限定の春バージョンも。

一部ここでも買えます！

三島駅

予約

桃中軒

明治24年に沼津駅で駅弁販売を開始。地元色をいかした駅弁を取り揃えるほか、駅ソバ店なども展開しており、常連客に親しまれている。
☎055-963-0154

富嶽あしたか牛すき弁当
1230円　実食Check ☐

富士・愛鷹山麓で育てられた「あしたか牛」をコクと旨みたっぷりのすき焼き風に仕上げている。季節の野菜がアクセント。

長泉旬便り 冬うらら
【季節弁当】**1080円**　実食Check ☐

白ネギや大和芋、あしたか牛など、静岡県長泉町の特産品を盛り込んだ二段重。春夏秋冬と季節に合わせた旬食材を期間限定で楽しめる。

御弁当（幕の内）
950円　実食Check ☐

あしたか牛そぼろ煮やサバの塩焼き、白身魚のフライ、若鶏の唐揚げ、ワサビ漬けなどを経木の箱に盛り込んだ上品な味わい。

まだある駅弁リスト ☑

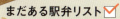
☐ 港町沼津の駅弁屋発こだわりの焼き魚弁当
☐ 三島宿 箱根山麓豚炙り焼き弁当　☐ 鯛めし　☐ とり重
☐ 沼津香まだい寿司　☐ 抹茶あじ寿司　☐ 抹茶めし弁当
☐ 静岡ヴィーガン弁当

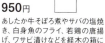

東海道新幹線 新富士駅

一番人気

竹取物語
1200円

「竹取物語」発祥の地といわれる富士市。落花生おこわの上に、桜エビやキンメダイの塩焼き、タケノコなど、郷土の味を錦織風に盛り付け。

巻狩べんとう
1300円

牛肉猪もどきショウガ煮や笹がき信田巻、タケノコの古武士煮といった野趣のある料理をゆかりご飯とともに味わえる。この名称は富士を舞台にした源頼朝の故事に由来。

駿河ちらし
750円

目にも美しく楽しい！油揚げとゴマを混ぜ込んだ酢飯の上では、でんぶ、桜エビ、いり卵、しいたけ、鮭そぼろが仲良く並ぶ。

牛すき弁当
1200円

静岡県産の牛肉を使った甘辛のすき焼きが美味しい。牛肉の旨みとタレがよく染み込んだタマネギとしらたきの食感がアクセントに。

極 富士宮やきそば弁当 **1200円**

ご当地グルメ・富士宮やきそばを大胆に盛り付け。コシの強い麺に、エビやホタテ、イカなどの具材をふんだんに盛り込み、ワサビご飯をプラス。

予約

富陽軒

富士山の南麓に位置する製紙工業の街・富士市を拠点に、大正10年から暖簾を守り続けている。富士山や駿河湾に因んだ素材や料理をいかしたご当地駅弁を取り揃え。
☎0545-61-2835

まだある駅弁リスト
- 助六ずし
- 特製 幕の内弁当

東海

浜松駅

東海道新幹線・東海道本線

一番人気

浜松三ケ日牛＆遠州しらす弁当 1100円
浜松のブランド牛・三ケ日牛の焼肉と遠州灘産のシラスをメインに、アサリや紅生姜などが添えられている。コクとあっさりとの競演が見事。

実食Check

うなぎ飯 1600円
自笑亭の看板メニューといえば、やはりウナギ。ご飯の上には、秘伝のタレでふんわりと焼き上げたウナギが鎮座する。

実食Check

浜の釜めし 1000円
五目ご飯にウナギの蒲焼や鶏そぼろ、タマゴそぼろなどをトッピング。地の味覚が色彩豊かな盛り付けとともに楽しめると人気が高い。

実食Check

一部ここでも買えます！

掛川駅

予約　宅配

自笑亭
1854（安政元）年創業の老舗中の老舗。料理店をルーツとしており、ウナギや三ケ日牛などの素材をいかした味自慢のオリジナルメニューが豊富に揃う。
☎053-442-2121

三ケ日牛ごぼうしぐれ＆プチうなぎ弁当 1300円
秘伝のタレで煮込んだ三ケ日牛ごぼうしぐれとウナギの蒲焼の見事な競演を。浜松の贅沢な味わいが一度に楽しめる。

実食Check

浜松三ケ日牛弁当 1300円
三ケ日牛の焼肉をたっぷりと敷き詰め、ボリューミーに。柔らかな肉にからむ濃厚なタレの風味がたまらない。

実食Check

まだある駅弁リスト
- うなぎまぶし
- 出世大名家康くん弁当
- しらす弁当
- 赤飯弁当
- 喧嘩凧
- 納得のいく幕の内
- まくのうち弁当
- うなぎ弁当（赤ワイン仕込）

豊橋駅

東海道新幹線・東海道本線・飯田線

ロングセラー

稲荷寿し
680円 実食Check

7個入りの素朴な稲荷寿し。醤油と秘伝のタレでおよそ40分間煮込むという油揚げの味付けは甘辛。王道、定番の日本一シンプルな駅弁。

一番人気

三色稲荷
750円 実食Check

定番の稲荷寿し3個のほか、ワサビ菜入り稲荷寿しとちりめん山椒入り稲荷寿しがそれぞれ2個ずつ。味比べを楽しんでみよう。

秘境駅弁当
1160円 実食Check

秘境駅探訪でも人気がある飯田線の始発駅ならではのネーミング。味噌カツやワカサギ甘露煮、山菜おこわなど、バラエティも豊か。

一部ここでも買えます！

名古屋駅

壺屋弁当部

豊橋駅開業の翌年、明治22年創業。開業当初から同駅構内で営業を続けてきた名店。創業以来の味を守る稲荷寿しには定評があり、一度は味わっておきたい逸品だ。

☎0532-31-1131

うなぎまぶし
1580円 実食Check

バター風味のご飯に、2021年優良ふるさと食品コンクールで農林水産大臣賞を受賞した鰻ナンプラー「鰻能」でつくったタレと愛知県産うなぎが絶妙な風味を醸し出す。

まだある駅弁リスト

- [ ] うなぎ飯
- [ ] 手筒花火弁当
- [ ] 中華風幕の内
- [ ] ヒレカツ弁当
- [ ] 駅弁の日弁当
- [ ] 壺屋浪漫
- [ ] 幕の内弁当
- [ ] お好み稲荷
- [ ] ちくわ稲荷寿し
- [ ] 稲荷詣で
- [ ] 助六寿司

東海

名古屋駅

東海道新幹線・東海道本線・関西本線

一番人気
松浦の味噌ヒレカツ重
1180円

岡崎の名店カクキューの八丁味噌で仕上げたタレがたまらない。添えられている半熟タマゴをかけて味わってみたい。

天下とり御飯
1290円

自家製の鶏ダシで炊いたご飯に、鶏とタマゴのそぼろをトッピング。チキンカツや鶏肉の磯辺揚げ、バンバンジーなどのおかずも豪華。

名古屋めし食べ比べ
1380円

なごやめし普及促進協議会のなごやめし総選挙で上位を独占した人気メニューが楽しめる。うなぎは愛知の三河一色産で、串カツとヒレカツでボリュームもばっちり。

なごや
1240円

サワラの照焼やホタテ風味フライ、豆腐の磯辺揚げ、チキンロールなど、盛り沢山のおかずがぎゅっと詰まって、ボリュームもたっぷり。

一部ここでも買えます！

東京駅

ホームにお届け　予約

松浦商店
大正11年に創業。駅弁をはじめ、オリジナルの弁当を常に模索している。松阪牛や味噌カツといった名古屋らしい味わいと、その見た目の華やかさでリピーターが後を絶たない。

☎052-452-4506

まだある駅弁リスト
- でらなごや
- 松浦のみそカツ
- コーチンわっぱめし
- 松阪牛めし
- ひつまぶし弁当
- でっきゃぁからあげ弁当
- こだま
- 復刻弁当
- 鶏めし
- 松浦の松阪牛焼肉弁当
- 松阪牛食べくらべ弁当

松阪駅 紀勢本線・名松線

元祖特撰牛肉弁当
1700円

松阪牛弁当の定番！ 黒毛和牛の内モモから厳選した柔らかな肉を網火焼きにして、秘伝のタレに。冷めても牛肉をおいしく味わえるように仕上げていて、松阪牛を存分に満喫できる。

ロングセラー

新竹商店
明治28年の創業以来、松阪駅で駅弁の販売を続けてきた老舗。地元の名産・松阪牛をふんだんに用いたラインナップが特徴で、全国で最初に牛肉を使った駅弁を開発したことでも知られる名店だ。ブランド牛の贅沢料理を気軽に味わえるのもうれしい。

☎0598-21-4350

モー太郎弁当
1700円

牛の顔をかたどった箱を開けると童謡「ふるさと」のメロディが。そのユニークさでも人気の駅弁の中には、黒毛和牛のすき焼き用ロース肉が満載！ 霜降り肉の旨みを堪能あれ。

一番人気

まだある駅弁リスト
- ☐ 特上牛肉弁当
- ☐ 五街道彩（いろどり）弁当
- ☐ うま〜いどん丼
- ☐ 幕の内弁当（要予約）
- ☐ 霜ふり寿司（要予約）
- ☐ すき焼弁当（要予約）
- ☐ 牛肉しぐれ弁当（要予約）
- ☐ 牛肉弁当御膳（要予約）
- ☐ 松阪牛と本居宣長さんと松阪もめん

東海

松阪でアッツアツ牛めしに出会う!! 1700円
実食Check

はやせ淳さんの人気漫画「駅弁ひとり旅」(監修・櫻井寛)とのコラボ駅弁。黒毛和牛のロース肉に、ガーリック風味をプラス。加熱容器入りなので、ホカホカを味わえる。

匠の技 松阪牛物語
【要予約】
4200円・6000円　実食Check

最高級の松阪牛にこだわり、個体識別番号が記入された松阪牛証明書がつく本格派。加熱容器を採用し、すき焼き風に仕上げたほどよい霜降り肉のジューシーな旨みが存分に堪能できる。

モー太郎寿司 1200円
実食Check

ゆるキャラのモー太郎をデザインしたパッケージを開くと、中には新竹オリジナルの牛しぐれ煮の海苔巻きが鎮座する。モー太郎シール付きで、子どもにも人気がある。

松阪名物黒毛和牛牛めし
【要予約】1700円　実食Check

赤ワインで仕込んだ黒毛和牛のロースとモモ肉をすき焼き風に味付け。三重県産コシヒカリのご飯とも相性抜群だ。予約購入なら、出来立てホカホカを味わえる。

本居宣長辨當
1300円　実食Check

平成13年の記念イベントに合わせて発売されたもの。松阪牛のそぼろ煮としぐれ煮をメインに、桜の花麩や花塩漬けなどが添えられ、上品な仕上がりになっている。

高山本線 高山駅

飛騨牛 しぐれ寿司
実食Check ☐
1800円

高山本線全通60周年記念で1994（平成6）年に登場して以来、高い人気を誇る。酢飯に飛騨牛のしぐれ煮とローストビーフをのせ、錦糸卵と味噌漬大根などで色彩豊かに。

一番人気

予約

金亀館
明治6年開業の割烹旅館からスタートし、高山駅が開業した昭和9年から同駅で弁当の販売に携わり、高山とともに歩んできた老舗だ。飛騨牛など、地場の素材を贅沢に使った各種駅弁は本格派の味が評判を呼び、遠方からのファンも多い。
☎0577-32-0184

ロングセラー

白川郷 味の合掌造り
実食Check ☐
【要予約】 1200円

白川郷の合掌造りをかたどった見た目にも美しい駅弁。ご飯を屋根に積もった雪に見立て、屋内にマスの甘露煮やワラビ、タケノコ、がんもどきといった山里の幸を満載。

東海

飛騨牛入り 手こね ハンバーグ弁当 実食Check
1300円

飛騨牛と国産豚肉を半々にブレンドして粗挽き、手こねで丁寧に仕上げたハンバーグを特製のデミグラスソースで。ジャガイモや山クラゲ、煮豆などを付け合わせ。

さるぼぼちゃんの おべんとう 実食Check
1300円

飛騨の縁起担ぎとして知られるマスコット「さるぼぼ」を弁当箱に。飛騨牛のしぐれ煮や鶏の甘辛煮、山クラゲなど、地場の味覚が存分に味わえる。さるぼぼちゃん缶バッジ付き。

飛騨牛入ステーキ＆ カルビ弁当 実食Check
2350円

ふっくらと炊き上げたご飯の上に、飛騨牛を当店独自の焼き方で焼いたステーキとカルビ肉を贅沢に盛り付け。ステーキにかけるオリジナルソースも美味。

飛騨牛 ステーキ弁当 実食Check
2700円

独自の製法で焼き上げたレアステーキがたっぷりのっていて、飛騨牛本来の美味しさを堪能できる。やわらかすぎず、固すぎず、牛をたらふく食べた満足感が半端ない。

まだある駅弁リスト ✓
- 飛騨高山 牛すきやき姫重
- アルプス一万尺 トレッキング弁当（要予約）
- 牛焼肉めし
- ほう葉巻鯖寿し（要予約）
- 三色ほうば寿司（要予約）
- 飛騨路わっぱ

幕の内弁当 味ごのみ 実食Check
1300円

八角形の容器にエビやコンブ煮、がんもどき、コンニャクなど、高山の素材を揃え、料亭風に仕上げている。全体的に素朴でヘルシー。

ご当地名駅弁 ●東海編

都道府県別

静岡県

伊豆急行線 伊豆高原駅
金目鯛の塩焼き弁当
実食Check
1410円

大ぶりな肉厚キンメダイの塩焼は、絶妙な味＆焼き加減でふっくら美味。海苔が醸す磯の香りも存分に味わって！
※伊豆急下田駅でも販売
●クックランド
☎0558-27-0991

伊豆箱根鉄道駿豆線 修善寺駅
武士の あじ寿司
実食Check
1500円

酢でシメた伊豆近海のアジに、刻みショウガがベストマッチ！ 添えられた、松崎の桜の葉漬けや天城のわさびにもこだわりが光る。
●修善寺駅弁「舞寿し」
☎0558-72-2416

伊豆箱根鉄道駿豆線 修善寺駅
武士の わさびシャモ飯
実食Check
【土日限定】**1800円**

ワサビの葉で育つ天城軍鶏。そのガラスープで炊いたご飯はジューシーで、シャモ肉とワサビ漬けが絶妙なハーモニーを奏でる。●修善寺駅弁「舞寿し」
☎0558-72-2416

伊豆急行線 伊豆高原駅
金目鯛押寿司 （匠の三種）
実食Check
1420円

ネタは同じキンメダイでも、酢ジメと炙り、おぼろと3つの異なる押寿司を食べ比べ。ワサビ葉の酢漬けで包んだおぼろ寿司はまさに特筆モノ。
※伊豆急下田駅でも販売
●クックランド ☎0558-27-0991

108

東海

静岡県

東海道本線 静岡駅
元祖鯛めし
850円

実食Check ☐

容器いっぱいに敷き詰めた静岡のソウルフード「さくら飯」に甘じょっぱい鯛そぼろがたっぷり！鯛の旨みが食欲をそそる明治30年発売のロングセラー。
● 東海軒
☎054-287-5171

天竜浜名湖鉄道 新所原駅
うなぎ弁当
1600円
2100円
2800円

実食Check ☑

駅舎内に店を構える、浜名湖産にこだわったうなぎ専門店のうなぎ弁当（写真は2800円）。ご主人が毎朝さばいて仕込んでおいたうなぎを、注文ごとにタレにくぐらせて焼き上げており、焼きたて、熱々の味わいは感動モノのおいしさ。
● 駅のうなぎ屋やまよし
☎053-577-4181

東海道本線 静岡駅
幕の内弁当
1000円

実食Check ☑

静岡駅一番の人気を誇る駅弁。焼鯖や玉子焼き、海老フライといった定番のおかずに添えられたワザビ漬けに個性が光る。
● 東海軒
☎054-287-5171

天竜浜名湖鉄道 天竜二俣駅
鰻どんこ弁当
【土日限定】1300円

実食Check ☑

茶飯の上に肉厚どんこ椎茸とウナギの蒲焼が2枚ずつ並ぶ。地元の高級料亭が手がける本格的な味わいに満足度高し。
※写真にあるカップわさび漬けは佃煮に変更
● 天竜膳 三好 ☎0120-26-0344

愛知県 東海

東海道新幹線 名古屋駅
みそかつ弁当 1100円 実食Check

老舗「八千代味清」監修の味噌カツ弁当。別添のゴマと味噌かつソースをたっぷりかけて召し上がれ。
●JR東海リテイリング・プラス

東海道新幹線 名古屋駅
ひれ味噌かつ重 1100円 実食Check

名古屋ご当地グルメの「みそかつ」を食べやすく一口大にカット。味噌だれに潜らせたひれかつに、お好きなタイミングで半熟卵を絡めて召し上がれ。
●JR東海リテイリング・プラス

東海道新幹線 名古屋駅
~お出汁で味わう~ ひつまぶし弁当 1600円 実食Check

お出汁は鰹の一番出汁を使用した、ひつまぶしのおいしさを引き立てるこだわりの逸品。そのまま、薬味と出汁をかけて、ひつまぶしの3通りの食べ方を楽しめる。
●JR東海リテイリング・プラス

東海道新幹線 名古屋駅
名古屋味めぐり 1500円 実食Check

名古屋コーチンを使用した鶏飯、ひつまぶし風ご飯、きいはん、エビフライ、みそかつなど名古屋らしいご当地メニューが盛りだくさん。
●JR東海リテイリング・プラス

東海道新幹線 名古屋駅
なごや満載 1300円 実食Check

「名古屋コーチン」を使用した鶏飯、「海老天むす」とご当地グルメ2種類のご飯が味わえる。「みそかつ」「エビフライ」「あんかけパスタ」など、名古屋メシを丸かじり。
●JR東海リテイリング・プラス

第五章

西日本

- 富山県
- 石川県
- 福井県
- 滋賀県
- 京都府
- 奈良県
- 和歌山県
- 大阪府
- 兵庫県
- 鳥取県
- 島根県
- 岡山県
- 広島県
- 山口県

富山駅

北陸新幹線・高山本線

一番人気

ロングセラー

ますのすし一重
1800円 実食Check

桜色のマスに緑色の笹が映える、鮮やかなコントラストが印象的。100年以上の超ロングセラー商品。パッケージの絵は、中川一政画伯の作。

ロングセラー

ぶりのすし
2100円 実食Check

脂ののったブリに、カブラとニンジンでアクセントをつけたオリジナルのブリの押し寿司。昭和32年に発売を開始。

ぶりかまめし
【冬季限定販売】
1350円 実食Check

一晩じっくりと煮込み、骨まで箸でほどけるブリカマとワサビ風味の酢飯、ワカメとの相性が秀逸である。11月〜3月までの限定販売。

有磯海
1150円 実食Check

有磯海とは、天然の生簀と称される富山湾の古い呼び方。白エビやホタルイカ、紅ズワイガニなど、富山湾の美味しい味覚が一度に味わえる。

富山味づくし
1350円 実食Check

ホタルイカのうま煮やブリの味噌焼きに、ますのすしと、20品目の富山の食材を使った風呂敷包みの上品な二段重。

一部ここでも買えます！

新高岡駅、金沢駅
※「有磯海」「富山味づくし」は全国宅配不可

予約　宅配

源

明治41年から富山駅で駅弁販売を開始。明治45年に郷土料理の鱒寿司を駅弁化、110年の歴史を刻んだ「ますのすし」は、人気駅弁の域を超え、「富山の名産品」として君臨する。

☎076-429-3100

まだある駅弁リスト

- □ 特選ますのすし　□ ますのすし（二重）　□ ますのすし 小丸
- □ ますぶりすし重ね　□ 蛍いかの釜飯（春季限定）
- □ 海鮮美食 ほか

西日本

金沢駅

北陸新幹線・七尾線・IRいしかわ鉄道

金沢笹寿し プレミアム
5ヶ入 1188円 実食Check

多彩な品揃えを誇る笹寿しの中から、天然紅鮭、国産穴子、国産真鯛、炙り鯛、能登牛しぐれの5点をまとめたプレミアムセレクト。

笹寿し
6ヶ入り 928円 実食Check
10ヶ入り 1533円

定番人気の鮭と鯛の笹寿しを同数でセット。旅の途中で仲間とシェアして食べるのもよし、旅のお土産に持ち帰るのもまたよし。

北陸浪漫
1404円 実食Check

伝統工芸「輪島塗」をイメージさせる折の中には、北陸の食材と郷土料理がいっぱい。金沢の趣を感じられる料理と寿しが詰まった逸品。

トラウトサーモンの西京焼き
972円 実食Check

丁寧に焼き上げたサーモンの西京焼きとおかずをバランスよく楽しめるお弁当。発芽玄米と雑穀の赤米ごはんを使用し、糖質ひかえめでヘルシーに。

一部ここでも買えます！

富山駅

予約 宅配
※一部笹寿しのみ

芝寿し

昭和33年創業。加賀能登地方のハレの日のおもてなし「押し寿司」を商品化。昭和45年にこれを笹の葉で包んだ「笹寿し」を発売。今や「金沢っ子のソウルフード」と呼ばれる存在に。

☎0120-404-567

まだある駅弁リスト
- 三昧笹寿し
- とり弁当
- 月替わり弁当
- 贅沢能登牛と能登豚弁当
- 牛すき弁当
- 金沢日記
- おにぎり弁当3ヶ入り

金沢駅

北陸新幹線・七尾線・IRいしかわ鉄道

百万石弁当 1380円
実食Check □

五目ご飯、笹すし、ゆかりご飯の3種のご飯とともに、治部煮や揚ボールなど、新旧の金沢の味がたっぷりと詰め込まれている。

ホームにお届け / 予約 / 宅配

大友楼
天保元年創業で現在も金沢屈指の老舗料亭。明治31年、金沢駅開業とともに駅弁販売も開始。料亭が磨きあげた加賀料理の伝統をいかした駅弁は華やかさと繊細さを兼ね備える。

☎ 076-221-1758

加賀の四季 1350円
実食Check □

2種のご飯をお洒落に盛り付けた一の重、手の込んだ加賀料理が美しく並べられた二の重。まさに「料亭のお弁当」を楽しませてくれる。

牛肉弁当 1380円
実食Check □

ご飯の上には、じっくり焼き上げたローストビーフが並ぶ。秘伝のタレをかけて召し上がれ。食後は大福のデザートを。

一番人気

利家御膳 1350円
実食Check □

加賀藩の宴席献立を再現。ひょうたん型の白飯や梅形の五目飯が入った一の重、治部煮などのおかずが入った二の重と、美しい2段重ね。

まだある駅弁リスト ✓

- □ かにめしと能登牛しぐれ丼
- □ 金沢の四季
- □ お好み弁当
- □ てまり
- □ 華の舞
- □ 能登路
- □ 友禅
- □ 趣膳
- □ たまて箱
- □ おにぎり弁当

114

西日本

金沢駅
北陸新幹線・七尾線・IRいしかわ鉄道

一部ここでも買えます！
加賀温泉駅、福井駅

予約

高野商店
明治29年の今庄駅開業とともに北陸本線初の駅弁販売を開始。大聖寺駅を経て、昭和45年から加賀温泉駅を本拠とする。120年の歴史を大切に、こだわりの駅弁を提供し続けている。
☎0761-72-3311

のどぐろ漬け弁当
1400円 実食Check ☐

炙ったのどぐろと漬けダレでの味わいが格別。ゴマ風味のタレはピリ辛で、のどぐろの味を引き立たせている。

輪島朝市弁当
1300円 実食Check ☐

輪島の朝市をイメージして、能登の海の幸をたくさん詰め込みました！かきめしに、サザエのいしる煮、ぶり角煮、たらの子旨煮、中島菜の堅豆腐などが美味。

加賀のかにすし
1580円 実食Check ☐

リンゴ酢で〆た、しっとりと味わい深い日本海産ベニズワイの棒肉が酢飯の上に並ぶ。つまむもよし、酢飯と頬ばるもまたよし。

金沢白麹漬け鶏めし
840円 実食Check ☐

鶏そぼろと卵そぼろに挟まれるように、鶏肉をのせた鶏めしをお手頃な価格で！金沢の老舗醸造蔵の白麹に漬けて、香ばしく焼いた柔らかな鶏肉は格別。

まだある駅弁リスト
- ☐ 炙りのどぐろ棒寿し
- ☐ 手まり寿し
- ☐ 紅の蟹弁当
- ☐ 牛かさね重
- ☐ かにすし
- ☐ のどぐろ釜飯
- ☐ 加賀白山おったから弁当
- ☐ のどぐろめし
- ☐ どじょうの蒲焼弁当

福井駅

北陸新幹線・ハピラインふくい線・九頭竜線

竜のめぐみ
1680円 実食Check

福井の豊かな恵みをぎゅっ！かにめし、ソースカツ、若狭牛のしぐれ煮など、地元の名物料理と郷土料理が盛りだくさん。

一部ここでも買えます！
金沢駅、新大阪駅
京都駅

ホームにお届け ／ 予約 ／ 宅配

越前かにめし
1400円 実食Check

おなじみカニ型の容器に、雌ズワイガニの卵巣やミソとともに炊き込んだご飯、ズワイと紅ズワイのカニ身をたっぷりと盛り付け。

番匠本店

明治35年創業。福井駅の看板駅弁「越前かにめし」は昭和36年発売のロングセラー。カニ、エビ、ウニなど、日本海の幸をはじめ、地場食材使用のこだわった弁当を広く手がける。

☎0776-57-0849

おとなの焼き鯖寿し **1430円** 実食Check

わさび葉を混ぜ込んだ酢飯に、わさび茎ペーストを敷き、その上に焼き鯖がのっている。つ〜んとくるわさびの辛さと、脂ののった焼き鯖のセッションがお見事！

ふくいサーモン炊き込みめし **1480円** 実食Check

福井の山と海で生まれ育ったブランド魚「ふくいサーモン」を満載。上品な脂ののりと芳醇な旨みを存分に味わえる。

まだある駅弁リスト

- 永平寺ごま味噌焼き鯖寿し
- 越前甘えび×かに合戦
- 香ばしい焼きかにめし
- かにうなぎ福めし
- 東尋坊えびかに海鮮ちらし
- 越前朝倉物語
- 北前廻船丼
- 黄金の国ZIPANG金のかに寿し
- 越前かに棒寿し
- 北国鯖棒寿し
- 若狭牛ぎゅうめし弁当 ほか

西日本

敦賀駅

北陸新幹線・ハピラインふくい線・小浜線

一番人気

元祖 鯛鮨
1080円 実食Check

近海産の小鯛を3枚におろし、薄塩でシメ、福井県産コシヒカリのほんのり甘いシャリと合わせた、伝統の味を守る敦賀駅の看板駅弁。

ロングセラー

鯛の舞
1600円 実食Check

お弁当・お惣菜大賞2020金賞を受賞した自信作で、伝統の「鯛鮨」のグレードアップバージョン。杉の木箱に美しく収められ、ほのかな杉の香りに旨さもアップ。

角鹿弁当
1000円 実食Check

角鹿は昔の敦賀の表記で「つぬが」と読む。俵型ご飯に焼きサバ、鶏肉とエビの煮物、山菜アサリなどのおかずが入ったレトロな幕の内。

予約

塩荘

明治36年に旧敦賀駅で立ち売り営業を開始して以降、110年以上にわたり敦賀駅とともに歩き続ける。歴史のある「鯛鮨」をはじめ、若狭の海の幸を活かした多彩な駅弁がある。

☎ 0770-23-3484

極上さばずし
3600円 実食Check

寒サバの中でも特に脂乗りのいい11月〜12月の大ぶりな真サバを使用。驚くほどに肉厚なサバの濃厚で極上の旨みを堪能できる。

まだある駅弁リスト

- ☐ 笹すし
- ☐ ます寿司
- ☐ かにすし（11〜3月限定）
- ☐ 鯖街道さばずし
- ☐ 炙ります寿司
- ☐ つるがあなごずし
- ☐ 彩り重
- ☐ 華ちらし
- ☐ 幕の内弁当

草津駅

東海道本線・草津線・琵琶湖線

近江牛焼肉＆ハンバーグ弁当
1560円

近江のブランド牛を贅沢に使用。牛肉二大料理の「焼肉」と「ビーフハンバーグ」が一度に味わえる。加熱タイプなので、出来立てのアツアツをぜひ。

一部ここでも買えます！

京都駅
※取り扱い商品は駅により異なる

予約　宅配
※一部エリア不可

近江牛 すき焼き弁当
1520円

冷めても美味しくにこだわり、作り上げた至極の駅弁！ 秘伝のつゆでじっくり煮込んだやわらかい絶品の近江牛に、温泉玉子や焼豆腐などの脇役も勢揃い。

南洋軒

明治22年の東海道本線開通とともに草津駅で開業、130年の歴史を持つ老舗。近江牛をはじめ、近江・甲賀・草津の味を駅弁に込め、草津の地から全国に発信し続けている。

☎077-564-4649

まだある駅弁リスト

- 近江牛すき焼＆焼肉弁当
- 近江牛焼肉＆塩鶏チキンステーキ弁当
- 忍者弁当

西日本

近江蔵元醤油の とり天重 1050円

ジューシーなとり天に、近江蔵元醤油を使った甘辛ダレがたまらない！近江の地醤油の旨みが染みわたる蔵元仕込みの味わいが自慢。

近江牛 焼肉弁当 1490円

王道の焼肉で味わう近江牛の駅弁。香ばしく焼き上げた、とろける味わいの近江牛の上に鎮座するインゲンがアクセントに。付け合わせのナムルも美味。

近江の 鴨めし重 1250円

栗の甘露煮や赤こんにゃく、エビ豆など、近江のおかずを従えて、鶏そぼろと卵そぼろを敷いたご飯の上にのる鴨ロースと鴨つくねが主役。

黒毛和牛ステーキ＆ ハンバーグ弁当 2000円

加熱タイプの容器を使用。高級牛肉と称される黒毛和牛をカットステーキに仕立て、近江牛入りのジューシーなハンバーグと組み合わせた贅沢な逸品。

忍者 牛めし 1300円

忍者のふる里、甲賀・鹿深の手作り味噌で味付けした牛めしを、ニンジン手裏剣や「忍」の焼印が付いたかわいいたまご焼きとともに。

近鉄奈良駅

近畿鉄道難波・奈良線

ロングセラー

一部ここでも買えます！
橿原神宮前駅、
大和八木駅

 ホームにお届け　予約　 宅配

中谷本舗

大正10年に米屋として創業。地元名産品「柿の葉寿司」なども販売。その柿の葉寿司や笹寿司が評判になり、昭和38年に寿司製造部門を開設。数ある柿の葉寿司の代表格のひとつ。

☎0120-234-888

柿の葉すし
4種8個入
実食Check
1188円

5種10個入
実食Check
1512円

山間の吉野地方では、貴重なサバを使った押し寿司を保存性・殺菌性のある柿の葉で包みハレの日のご馳走としていた。そんな歴史と伝統を今に伝える柿の葉寿司。「4種8個入」は「さば」「さけ」「あじ」「たい」が入った一番人気の商品で、近鉄奈良・大和八木・橿原神宮前などの各駅で販売。旅のお供や土産におすすめの逸品で、「5種10個入」は百貨店や量販店での駅弁大会で販売されている。

姫路駅

山陽新幹線・山陽本線
姫新線・播但線

一部ここでも買えます！
新大阪駅、新神戸駅
※取り扱い商品は駅により異なる

予約　宅配

まねき食品

創業は明治21年、翌年に日本初の「幕の内駅弁」を販売したという老舗。駅弁はもちろん、和風ダシに中華麺を組み合わせた姫路駅ホームの名物「えきそば」も人気がある。伝統を守りつつ「常にチャレンジ」を掲げ、冷凍駅弁の輸出を開始した。

☎079-224-0251

一番人気

あなごめし　1180円

実食Check

自慢のダシで炊き上げたご飯の上に、ひと手間かけた伝統の調理法で仕上げた煮アナゴ。錦糸卵や野菜煮とのバランスも良く、瀬戸内名物グルメのあなごめしを心ゆくまで楽しませてくれる。

ロングセラー

おかめ弁当　1080円

実食Check

おかめの顔を模した愛嬌のあるパッケージに、牛肉煮や刻みアナゴ、シイタケや山菜など、多彩な具材をのせたダシ飯を収納。姫路駅ホーム名物「えきそば」のダシで炊くご飯が旨い。

西日本

旨い！たこめし 実食Check
1150円

お客さんからの要望で復活を遂げた、旨さ自慢のたタコめし。タコをダイコンで叩き、ダイコンと一緒に煮る。そんな昔ながらの製法で炊き上げた、柔らか煮独特の風味と旨さが人気。

味づくし 実食Check
1260円

昔ながらの俵型ご飯に、タコの柔らか煮、淡路玉ねぎ、姫路レンコンなどご当地性を活かしたおかずが並ぶ。明治22年姫路駅で発売された日本初の幕の内駅弁の系譜を今に伝える。

栗おこわ弁当 実食Check
1060円

小豆の煮汁でしっかりと色付けされたおこわの上に蒸し栗が並ぶ、昔ながらの栗おこわ。サバ塩焼きや肉だんご、ガンモや野菜の煮物といったおかずもまた心が和む。

但馬牛 牛めし弁当 1200円 実食Check

ダシ飯の上に、国産ブランド牛のルーツ「但馬牛」をたっぷり盛り付けた牛めし。甘みに特徴がある淡路島産タマネギとともに煮た但馬牛が、やさしい甘みを纏った極上の味を提供。

まだある駅弁リスト

- □ 姫路駅豚かつめし　□ 秋膳（秋季限定）
- □ 鯛寿司7貫　□ 名代あなご寿司
- □ 名代松前寿司
- □ かにちらし冬膳（冬季限定）
- □ 春膳（春季限定）　□ 姫路上寿司詰合せ

神戸駅

東海道本線・山陽本線

一番人気

ひっぱりだこ飯
1380円 実食Check

タコ壺を模した陶器製の容器に、豪快に盛り付けた明石ダコのタコ煮がインパクトたっぷり。その下には味付きご飯のほか、煮アナゴ、野菜の煮物も。淡路屋の代名詞とも言える超人気駅弁。

一部ここでも買えます！

新神戸駅、西明石駅、芦屋駅

予約　宅配

淡路屋

明治36年創業。昭和40年に画期的な「肉めし」を、昭和62年には日本初の加熱式容器を使用した駅弁を発売し、以降の駅弁業界に大きな影響をもたらす。平成10年に発売されたタコ壺容器が目を引く「ひっぱりだこ飯」は全国区の人気を誇り、各地の駅弁イベントでもひっぱりだこ！

☎078-431-1682

ロングセラー

肉めし
1380円 実食Check

昭和40年の鉄道記念日に登場。3枚のローストビーフの下に隠された、カレー風味のバレンシアライスにも定評あり。

西日本

神戸のすきやきとステーキ弁当 1380円

定番のフライドポテトに、インゲン付きのステーキ丼と旨みタップリのすきやき重。神戸だからこそ、名物のステーキとすきやきを両方とも味わいたいという欲張りな人におすすめ。

金色のひっぱりだこ飯 1680円

人気の「ひっぱりだこ飯」をアップグレード！金色のタコ壺容器に金色の掛け紙とプレミア感たっぷり。おなじみ豪快な明石ダコとともに、黄金色の大きな栗の甘煮が添えられている。

あっちっちかにめしとすきやき弁当 1680円

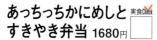

カニ味噌と海苔を加えて炊いた風味豊かなご飯に、ほぐし身とカニ爪までのったカニめしと、すきやき重をダブルで楽しめる。加熱式の容器を使用しているため、出来立てほかほかの旨さを実現。

日本の朝食弁当 750円

梅干しおにぎりとごまおにぎりをメインに、焼サケや卵焼き、カマボコ、ひじき煮など、どこの家庭でも見られる朝食の常連メニューを添えた駅弁で、軽食としてもうってつけ。

春旬
たけのこ御飯【春季限定】1280円
実食Check

かわいいタケノコのパッケージがよく目立つ。炊き込みご飯の上にのっているのは焼タケノコ。身欠きニシン煮や菜の花といったおかずのほか、桜餅も付いており、春らしさを感じられる味わいに。

きつねの
へそくり 1280円
実食Check

キツネがコツコツ貯めた秋食材をいただきます！ 落ち葉に見立てた二色のお揚げの下からは合鴨肉を筆頭に、カボチャやクルミ、栗がこんにちは♪

夢の超特急0系
新幹線弁当
1380円
実食Check

昭和39年に開業した新幹線の初代「0系」車両をかたどったプラスチック製の容器に、ハンバーグやエビフライ、日の丸デザインのカマボコなどが入ったお子様ランチを収納。

たこ壺カレー
1480円
実食Check

ターバンを巻いたタコが印象的な新感覚のひっぱりだこ飯シリーズ。スパイスとタコの香りが絶妙なこだわりのキーマカレーをぜひ。

西日本

神戸のステーキ弁当
1380円

風味豊かなキノコご飯の上に、冷めてもおいしい牛ステーキと彩り野菜をのせた定番人気がこちら。加熱式容器の「あっちっちステーキ弁当」が登場しても安定した人気がある。

きつねの鶏めし
980円

鶏かやくご飯に、鶏の照り焼きとつくね、お揚げさんを基本とした駅弁。これに付属している京都の薬味老舗『原了郭』の黒七味をかけると、素朴にして味わい深い弁当となる。

JR貨物コンテナ弁当 神戸のすきやき編
1580円

JR貨物コンテナをモチーフにした弁当箱が目を引く。第一弾は神戸のすきやき編。甘辛に味付けされたやわらかな牛肉が食欲をそそる。

ひょうご日和
1380円

兵庫県東部の地形を表現し、食べることを通じて地域の特産品や名物、地理が学べる。六甲山に見立てた三角おにぎり、明石ダコやいかなご釘煮、神戸牛コロッケなどの美味がぎっしり。

まだある駅弁リスト
- ☐ 神戸食館 ☐ 神戸デリカ ☐ 神戸名物すきやき弁当
- ☐ あっちっち神戸のステーキとすきやき弁当
- ☐ 六甲山縦走弁当 ☐ 日本のおにぎり弁当〜神戸編
- ☐ 但馬牛めし ☐ しゃぶしゃぶ弁当「村雨」
- ☐ ことりっぷ旅する弁当〜大阪

鳥取駅 山陰本線・因美線

ロングセラー / **一番人気**

元祖 かに寿し 1480円
実食Check

カニのちらし寿しを駅弁にしたのは、これが日本初。昭和27年に発売され、昭和33年からは合成保存料を用いない独自のフレッシュ保存法により、通年販売が可能になった。70年を超える伝統の味わいを。

山陰鳥取 かにめし 1500円
実食Check

カニ味噌とカニ身とともに炊いた風味豊かなカニご飯の上に、たっぷりのほぐし身と2本のカニ爪がのった、まさにカニを味わうための駅弁。おなじみのカニ型容器は環境にやさしい部分分解性樹脂製を使用。

一部ここでも買えます！
東京駅、新大阪駅
岡山駅、広島駅
博多駅

予約 宅配

アベ鳥取堂

明治43年創業、昭和18年から鳥取駅で駅弁販売を開始。「かに寿し」で山陰自慢のズワイガニを全国に先駆けて駅弁化し、昭和33年には独自の保存技術を開発して通年販売を開始。その後もトビウオや鳥取牛などの地元食材にこだわった駅弁作りを続けている。
☎0857-26-1311

まだある駅弁リスト ☑

- お好みかに寿し
- 山陰鳥取 あご寿し
- ほかほか駅弁 鳥取牛弁当
- しいたけ弁当 素晴ら椎茸
- 鳥取の旬の味 とっとり居酒屋
- 鳥取大砂丘 おこわ弁当
- 山陰鳥取の贅沢な逸品 さば寿し
- 鳥取大砂丘 かに幕の内
- 城下町とっとり
- 砂丘鳥取味の弁当

西日本

かにの匠 かにづくし弁当 1600円
本ズワイガニのにぎり寿しとベニズワイガニのカニめしという組み合わせに、カニみそまで、贅沢に楽しめる。2種類のカニを存分に味わおう。

ゲゲゲの鬼太郎丼 1600円
水木しげるのふるさと、鳥取県らしい駅弁。有田焼の丼に盛られた生姜が効いたしぐれ煮風の鳥取牛の上には、豆腐ちくわに練り梅を添えた目玉おやじ。丼の底の絵柄は現在12代目。

いかすみ弁当 黒めし 1380円
曲げわっぱの中にイカゲソを混ぜ、独自の手法で炊き上げたインパクトたっぷりのまっ黒なイカ墨めし。上には特製の地元醤油で煮付けた真イカがのるイカオールスター駅弁。

鳥取県産 大山豚の ステーキ弁当 1280円
鳥取県産の白飯の上に、甘みのある鳥取のブランド豚「大山豚」のステーキがドーンとのったボリュームたっぷりの駅弁。もちろん、付け合わせの野菜まで、すべて鳥取産。

西日本

山陰本線 松江駅

一番人気

邪気退散招福ちらし 1560円
実食Check

石見神楽で人気の邪気・疫病（コロナ）を退治する神様の鍾馗（しょうき）がモチーフ。大山鶏、境港産紅ズワイガニ、のどぐろ、赤天といった山陰の名物が楽しめる。

出雲神話街道 ごきげんべんとう
【要予約】1580円
実食Check

2本の地酒付き。カニ、ウナギ、白魚、シジミ、赤貝、タケノコなどの多彩な郷土料理が酒の肴に、おにぎりのおかずにと大活躍。

島根牛みそ玉丼 1370円
実食Check

奥出雲の天然味噌と地酒で炊いた島根牛のコクのある旨みを、とろとろタマゴと絡めて島根県産コシヒカリのご飯と味わう喜びを。

一部ここでも買えます！

出雲駅
※取り扱い商品は駅により異なる

 ホームにお届け　 予約　宅配

一文字家

明治41年、松江駅開業とともに一文字家旅館が駅弁販売を開始。110年を超える歳月とともに培ってきた伝統の味付けを守りながら、「松江の食」を発信。ユニバーサルデザイン弁当容器も採用。
☎0852-22-3755

島根牛すき焼き煮切り丼 1450円
実食Check

島根牛の旨みが染みこんだ甘辛のだし汁に、スッポンだしや蜂蜜などを加えた「煮きり汁」を別容器で添付。島根牛の旨さが大きくアップ。

まだある駅弁リスト

- ☐ 蟹としじみのもぐり寿し　☐ 境港水揚げ かに寿し
- ☐ 境港水揚げ かにめし（10〜3月限定）　☐ 出雲美人
- ☐ 境港水揚げ かにみそかに寿し（10〜3月限定）
- ☐ おべんとう「勾玉」　☐ 蕎麦屋のだしめし

岡山駅

山陽新幹線・山陽本線
津山線・吉備線・瀬戸大橋線

一番人気 **ロングセラー**

桃太郎の祭ずし
1200円 実食Check □

エビ、アナゴ、サワラ、ママカリなどの海の幸とタケノコ、シイタケ、レンコンなどの山の幸がたっぷりのった郷土料理のばらずしを駅弁に。発売から50年を超えた今も不動の人気を誇る。

ホームにお届け　予約

三好野本店

天明元年に米問屋として創業。明治24年に岡山駅で駅弁販売を開始し、130年の歴史を持つ老舗。看板駅弁「桃太郎の祭ずし」は昭和38年発売の超ロングセラー。瀬戸内海と大山、蒜山に囲まれた食材豊かな地から岡山の味を発信する。
☎086-200-1717

岡山海苔弁「黒」
1480円 実食Check □

岡山県産の朝日米に、若海苔や作州黒豆、黒鯛など、地域色豊かな食材を使ったおかずが上品に並ぶ。岡山県産の牛肉や鶏肉も美味。

まだある駅弁リスト
□ 味折小町　□ 千屋牛すき焼き重　□ いいとこ鶏弁当
□ せとうち日和　□ 岡山名物えびめしとデミカツ丼
□ おしりたんてい弁当　□ ガチャピン・ムック弁当ほか

西日本

松山名物 醬油めし 950円
2018年に途絶えかけた四国松山駅の名物駅弁を、製造元のレシピを受け継ぎ、継承。醤油で炊き上げたご飯に鶏肉やシイタケの煮物などがのっている。

倉敷小町 1480円
倉敷美観地区の白壁をイメージした2段重ねの弁当。たこめし、鰆、ママカリなど彩り豊かに盛り付けられていて、春、夏、秋冬と年に3回ほど内容が入れ替わる。

岡山名物 大集合 1380円
祭ずし、えびめし、蒜山おこわの3種類のご飯をはじめ、9分割された容器に岡山の食材や地元グルメを満載。岡山南高校との共同開発で生まれた「岡山愛」にあふれた駅弁。

松山名物 醬油めしと真鯛あなご弁当 1180円
瀬戸内産の真鯛を使った塩糀焼き、じっくり焼き上げた穴子がど〜ん！松山名物の醤油めし、鯛めし、穴子めしの3種類が楽しめる。

三原駅

山陽新幹線
山陽本線・呉線

ロングセラー
一番人気

一部ここでも買えます！
福山駅、広島駅、岡山駅

予約

【浜吉】
明治23年創業。昭和28年発売の「元祖珍辨たこめし」はタコ漁が盛んな地元・三原の特産品を駅弁化し、70年を優に超えるロングセラーに。そんな瀬戸内海の海の幸を活かした駅弁を中心に、多彩なラインナップを誇る。今では駅弁が途絶えた福山駅の駅弁販売も手がける。
☎0848-62-2121

元祖珍辨たこめし
実食Check
1150円

刻んだタコが入ったタコめしに、錦糸卵とじっくりと炊いたタコのやわらか煮。エビやタケノコ、シイタケなどが彩りを添える。容器もタコの足に因んで八角形を採用。

福山ばら寿司
実食Check
1400円

中央にあるスモークサーモンとイクラでバラの花を模り、錦糸たまごやレンコン、ワラビなどが彩り鮮やかに引き立てる。バラの街・福山をイメージした華やかなちらし寿司。

二代目あなごあいのせ重
実食Check
1480円

相のせになっているアナゴに注目。東日本で好まれる煮アナゴと、西日本で好まれる焼アナゴを特製だしで炊き上げた味付けご飯の上に敷き詰めている。2つのアナゴをじっくりと。

西日本

特製幕の内「浮城」1250円 実食Check

昔ながらの木折容器に紐をかけたオーソドックススタイル。ご飯に梅干し、煮物、焼物、揚物を詰め込んだシンプルな味わいで、地元では大人気。

かきあなご弁当 実食Check
1350円

濃厚な味わいの広島産カキの甘辛煮と、ふっくらとした柔らかな煮穴子がベストマッチ！香ばしく炊き上げた味付きご飯をほどよくアシストしてくれる。

松茸牛すき弁当【7〜11月限定】 実食Check
1500円

すき焼きにマツタケを入れるという贅沢な組み合わせはこの地方の郷土食を取り入れたもの。7〜11月の期間限定販売。

あっぱれ多幸〜陶器製【要予約】 実食Check
1800円

ハチマキを巻いたかわいいタコをデザインした陶器に、ロングセラー「元祖珍辨たこめし」を盛り付けた特別バージョン。瀬戸内のタコを使用。お土産や合格祈願のプレゼントとしても喜ばれそう。予約にて販売。

まだある駅弁リスト
- □ 広島名物 あなごめし
- □ 広島産ふんわり牡蠣わっぱ（11〜3月限定）
- □ 春彩すき焼き弁当（12〜6月限定）

広島駅

山陽新幹線
山陽本線・芸備線

夫婦あなごめし
1380円

実食Check

まるで仲の良い夫婦のように2本並んだ穴子が主役の名物駅弁。じっくりコトコトやわらかく炊いた穴子は、秘伝のタレとの相性も抜群だ。

予約

広島駅弁当

創業は明治34年。昭和20年の原爆により社屋・工場を焼失するも、仮工場で事業を継続した。平成5年の広島アジア大会では弁当公式サプライヤーを務めるなど、「地域に根ざした食文化企業」として邁進。「あじろや」ブランドでちょっとリッチな駅弁も販売している。

☎082-286-0181

活あなごめし
1500円

実食Check

経木の器の中には、厳選したアナゴを使った焼きアナゴがご飯の上にズラリと敷き詰められている。シンプルな仕上げでアナゴの旨さを堪能できる「あじろや」ブランドの駅弁。

広島牡蠣づくし
1380円

実食Check

カキの煮汁で炊いた牡蠣飯に、広島県産のカキを使用した煮牡蠣、藻塩で味付けした炙り牡蠣、牡蠣フライ、牡蠣の柚子味噌和えと、バラエティに富んだ牡蠣メニューが味わえる。

まだある駅弁リスト

- 瀬戸のかきめし
- もみじ弁当
- 牛万年煮弁当
- 六穀豚ミルフィーユカツサンド
- かきの土手わっぱ

西日本

もみじ弁当 1280円
ふっくら柔らかく煮た穴子の押寿司をはじめ、カレイ西京焼や出し巻玉子、煮物など、伝統の味を詰め合わせた幕の内弁当。

広島よりどり弁当
1380円

見た目も華やかで、広島の魅力満載！ たこめしや小鰯の南蛮漬など、広島各地の食材や郷土料理がダイジェスト的に楽しめる。

焼き鳥弁当 980円
お酒のおつまみにもってつけ。鳥皮、もも肉、つくね、むね肉と博多名物の焼き鳥4種をぎっしりと敷き詰めている。

ロングセラー

廣島上等弁当 1380円
明治34年の創業当時の掛け紙の下には、2段重ねの経木の弁当箱。シンプルな日の丸ご飯に一つ一つが大きな野菜の煮物も懐かしさをそそる、平成16年に復刻された幕の内弁当。

山陽本線 **宮島口駅**

一部ここでも買えます！
広島駅、
新大阪駅(曜日要確認)

予約　※広島駅のみ

うえの

明治34年、宮嶋駅(現宮島口駅)で駅弁販売を開始。ほどなく地元の郷土食「穴子どんぶり」に独自の工夫を加えた「あなごめし」を発売。以降、あなごめし一筋の歴史を刻む。

☎0829-56-0006

あなごめし
2700円

 実食Check

経木の器に白飯ではなく、アナゴのアラで炊き上げた醤油味のご飯。その上に特製ダレに3度つけて焼いたアナゴが美しく並ぶ。経木がご飯の水分を吸い、代わりにアナゴのタレが染み込み、「冷めてなお旨い」ではなく、「冷めてより旨くなる」のがうえの流。100年を優に越す歴史を伝える12種類の掛け紙がランダムに使われるのも楽しみ。

ロングセラー

西日本

津和野駅

山口線

一番人気

かしわめし弁当
実食Check ✓
1000円

味付けご飯の上に、鶏そぼろ、ちょっと太めの錦糸卵、刻み海苔で鮮やかなストライプを描いて盛り付け。正方形の経木の器の上に「SLやまぐち号」の掛け紙をかけた名物駅弁。

山菜つわぶき弁当
実食Check ✓
1300円

「つわぶき」は津和野の地名の由来とされる。ワラビやゼンマイ、フキ、姫竹など、山菜の混ぜご飯に、アユ塩焼きやフキの佃煮などが付いて山里の風味満天。10月～5月の限定販売。

まだある駅弁リスト
☐ 幕の内弁当　☐ かにずし
☐ 鮎めし（SLやまぐち号運行日限定）

一部ここでも買えます！

新山口駅

ホームにお届け　予約

駅弁くぼた

山陰の京都・津和野唯一の駅弁屋さんで、山里らしい駅弁を製造している。駅構内の一画にある駅そば屋さんで販売しており、「かしわめし弁当」以外はここで注文を受けてから作ることが多い。
☎0856-72-1139

ご当地 名駅弁

都道府県別 ●西日本編

福井県

北陸本線 福井駅
焼鯖寿し
1400円
実食Check
肉厚で脂の乗ったサバを醤油ベースの秘伝のタレに漬けてから丁寧に焼いた、福井名店の焼サバが美味。
●一乃松 ☎0778-21-2211

北陸本線 福井駅
えんがわ寿し
1480円
実食Check
厳選したカラスガレイのえんがわと、福井県産米の酢飯が奏でる「美味しさ」のハーモニーにリピーター続出！
●一乃松 ☎0778-21-2211

和歌山県

紀勢本線 白浜駅
紀州 てまり弁当
1242円
実食Check
鶏ダシで炊いたご飯に、鶏照り焼き、焼アナゴ、ゴボウ巻などを詰め込んだ手まり型の容器は、貯金箱としても再利用できる。
●味三昧 ☎0739-25-3082

紀勢本線 白浜駅
パンダ弁当
1242円
実食Check
パンダの容器がキュート！赤シソを挟んだご飯の上に、紀州うめどりの唐揚げや錦糸卵、南高梅の梅干しがのる。
●味三昧 ☎0739-25-3082

西日本

大阪府

東海道・山陽新幹線ほか 新大阪駅

元祖たこむす
967円
一見、ノリを巻いたたこやきのように見えるが、たこやきの下にはご飯が。炭水化物×炭水化物のこれぞ大阪名物!
● 柿千 ☎0120-41-3000

東海道新幹線 名古屋駅／東海道・山陽新幹線ほか 新大阪駅

酢飯仕立てのひつまぶし
1550円
うなぎが柔らかくて、香ばしい! ほんのり甘い酢飯の上には、錦糸玉子や椎茸煮、紅生姜のほか、蒲焼鰻がたっぷり。
● 柿千 ☎0120-41-3000

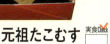

東海道新幹線 京都駅／東海道・山陽新幹線ほか 新大阪駅

なにわ満載
1200円
たこ焼き、牛肉の串カツ、紅生姜の天ぷら、かやくご飯など、なにわ（大阪）らしいご当地メニューがぎっしり詰まっている。
● JR東海リテイリング・プラス

東海道・山陽新幹線ほか 新大阪駅

八角弁当
1335円
八角形の経木の折に俵型のご飯や焼き魚、鶏と野菜の煮物などが入った、昭和50年発売のロングセラー。
● 水了軒 ☎06-6150-4137

京都府

東海道新幹線ほか 京都駅

うなぎちらしごはん
1980円
ほどよく身が締まり、ふっくらと炭火で焼き上げた国産ウナギとしっかりタレの染みたご飯が絶妙。
● なかがわ ☎075-681-5261

西日本

兵庫県

山陰本線・播但線 和田山駅

但馬の里 和牛弁当
実食Check
1200円
多くの国内ブランド牛のルーツ・但馬牛のふる里らしい看板駅弁。濃厚な和牛本来の味わいをじっくりと堪能できる。
●福廼家総合食品 ☎079-672-2018

山陰本線・播但線 和田山駅

こだわり釜めし
実食Check
1300円
生米から1釜ずつ炊き上げる本格釜めし。牛肉煮やマツタケ、栗といった、バラエティ豊富な具材もこだわり。
●福廼家総合食品
☎079-672-2018

山陰本線・播但線 和田山駅

但馬 牛かに合戦
【イベント限定販売】
実食Check
1200円
一度で二度おいしい！ 福廼家自慢の牛めしと香住産紅ズワイガニを使用したかに寿司の豪華コラボレーションで、贅沢な味わいに定評がある。
●福廼家総合食品
☎079-672-2018

岡山県

山陽新幹線ほか 岡山駅

おむすび ころりん
実食Check
1200円
鮮やかなパッケージの中に、名物の天むすと幕の内風おかずを2段重ねで収納。外国人旅行者にも人気がある。
●株式会社 sakkuru ☎086-722-0205

第六章

四国・九州

- 香川県
- 高知県
- 愛媛県
- 福岡県
- 佐賀県
- 長崎県
- 熊本県
- 大分県
- 宮崎県
- 鹿児島県

高松駅
予讃線・高徳線

一番人気

げんき100ばい！アンパンマン弁当
1700円 実食Check ☐

アンパンマンの顔を模したお弁当箱も人気。アンパンマンをデコったチキンライスや厚焼き玉子、海老フライに肉だんごと、目にも楽しい！

©やなせたかし／フレーベル館・TMS・NTV

一部ここでも買えます！
高知駅、松山駅
※アンパンマン弁当（2種類のみ）

予約

JR四国ステーション開発
ショッピングセンターや駅構内テナントなどを展開するJR四国の関連企業で、高松駅弁との異名を持つ。平成26年に前任社から販売を引き継ぎ、調製は岡山の三好野本店に委託している。
☎087-851-7710

たこめし 味わい弁当
1450円 実食Check ☑

野菜とタコを和風だしで炊き上げた、たこめしが主役。たこ唐揚げやたこ煮など、おかずにもタコが並ぶ。

あなご飯
1280円 実食Check ☑

秘伝タレの香ばしさが漂う焼きアナゴと、味わい深い煮アナゴを、讃岐うどんの味のベースとなるいりこ出汁をきかせたご飯とともにいただこう。

阿波尾鶏弁当 **1350円** 実食Check ☑

徳島の老舗銘菓「栗尾商店」監修。徳島の地鶏「阿波尾鶏」にこだわり、むね肉やもも肉を塩焼きと照焼きで仕上げている。

まだある駅弁リスト ☑
☐ 松山名物 醤油めし

四国・九州

土讃線 高知駅

かつおたたき弁当
1300円 実食Check □

タマネギとネギ、ミョウガが薬味に添えられた新鮮なカツオのタタキがなんと駅弁に！ユズ風味のタレとカボスを絞っていただく高知ならではの味。保冷材つき。

一番人気

一部ここでも買えます！

高松駅、松山駅

予約　宅配

安藤商店

高知駅の看板駅弁「カツオのたたき弁当」でその名を知られる、四国を代表する老舗。駅弁取扱い店は改札外にもあるが、ホームでの販売が基本。
☎088-883-1000

龍馬弁
1100円 実食Check □

サバ寿司とミョウガ寿司、コンニャク寿司、タケノコ寿司など、高知名物の「田舎寿司」が楽しめる。ほのかにユズが香る酢飯も美味。

鯖の姿寿し

1800円 実食Check □

尾頭付きサバに酢飯をたっぷりと詰め込んだ豪快な郷土料理で事前予約が必須。皿鉢料理に欠かせない一品で、独特のコクが持ち味だ。

まだある駅弁リスト ✓
- □ 三色駅弁
- □ アンパンマン弁当（要予約）
- □ 日曜市のおばあ弁当

予讃線

今治駅

一番人気

瀬戸の押寿司
1800円

今治沖・来島海峡の海流で鍛えられた「来島鯛」を存分に使った押寿司。ギュっと締まった白身を塩でシメ、軽めに仕立て上げた酢飯に敷き詰めてある。お土産にもおすすめ。宅急便で翌日到着するエリアに限り発送可。

ホームにお届け　予約

二葉

地元今治のご当地料理人気店。「鯛めし」や「あなごめし」をはじめとする郷土料理をアレンジした駅弁の味や仕立てに定評があり、「駅弁は今治で」との呼び声も高い。今治駅前で食堂を構えており、駅弁同様に郷土の味が楽しめるほか、各種弁当も取扱っている。

☎0898-22-1859

ロングセラー

鯛めし弁当
(小)1160円

ご飯にしみ込んだタイの出汁と、あっさりめに仕立てたタイのそぼろがベストマッチ！ほのかな甘みと旨みがホクホク感とともに口に広がる。箸休めのエビ天やタマゴ焼きとも相性よし。

まだある駅弁リスト

☐ お好み弁当　☐ 夢のかけ橋
☐ 盛り合わせずし

四国・九州

あなごめし
1780円 実食Check

特製のタレをくぐらせたアナゴを炭火焼に。ひと口サイズに切られたアナゴは絶妙の焼加減で香ばしい。タレはご飯にもほどよく染みわたり、アナゴ料理の醍醐味を感じさせる。

しまなみ海道ちらしずし
1620円 実食Check

エビやアナゴといった瀬戸内の海の幸をはじめ、レンコンや椎茸などを盛り付けたちらし寿司に、タラコやエビ天などをプラス。しまなみ海道に浮かぶひょうたん島をイメージしたケースが楽しい。

幕の内弁当
1080円 実食Check

ロングセラー

経木の香りが漂う弁当箱に、サバの塩焼やエビ天、肉団子、カマボコ、酢レンコン、キンピラゴボウなどを盛り込んだ昔ながらの幕の内。俵飯と経木が風味を引き立て合う。

鯛めし弁当（大）
1620円 実食Check

「鯛めし」のハイグレード版。たっぷり入った鯛めしに、有頭エビやガンモドキ、昆布煮、ホタテのフライ、キンピラゴボウなどのおかずが並ぶ。

鹿児島中央駅

九州新幹線・鹿児島本線・日豊本線・指宿枕崎線

松栄軒

昭和4年、開業間もない鹿児島本線出水駅で汽車駅弁店として創業。黒豚や黒毛和牛など、地元・鹿児島県が誇る食材にこだわり、秘伝のタレや調理法をいかした高品質な駅弁の製造・販売を続けている。九州新幹線開業後に鹿児島中央駅などにも進出した。

☎0996-62-0617

えびめし
1280円

赤エビの風味を生かしたあっさり味の炊き込みご飯に、錦糸卵や小エビをバランスよく配置。おかずには若鶏の揚げ煮やニンジン、椎茸の煮物などを並べた色鮮な仕上がり。

ロングセラー / 一番人気

極 黒豚めし
1250円

鹿児島市内でも希少な上級の黒豚「かごしま黒豚さつま」を特製たれに漬け込み、香ばしく焼き上げている。黒豚のやわらかさと旨みが凝縮された看板メニュー。

一部ここでも買えます！
出水駅

四国・九州

くまもとあか牛ランチBOX 1450円 実食Check ☐

阿蘇の広大な牧野で育てられたブランド牛「あか牛」を甘辛いスキヤキとそぼろに仕立て、錦糸卵とともに、熊本県産米「盛りのくまさん」のご飯の上にたっぷりと盛り付け。

頂点！鹿児島黒牛焼肉御膳 1450円 実食Check ☐

秘伝のタレで味付けした牛肉を贅沢に味わえる、焼肉好きならずとも垂涎ものだ。和牛日本一に輝く鹿児島黒牛を噛みしめよう。

かごしま美味満彩弁当 1080円 実食Check ☐

9つのマスに個性的な味が満載されたバラエティ弁当。えびめしや黒豚のスキヤキ、黒豚そぼろ飯、キビナゴの甘酢あえ、ガネ（野菜天）など、ご当地の味覚が楽しめる。

極黒豚かつサンド 880円 実食Check ☐

ブランド肉「かごしま黒豚」を使った肉厚のカツサンド。秘伝のソースで下味を付けたカツに、お好みでマスタードやマヨネーズをかけていただく。全体にすっきりした味わい。

厚切り鹿児島黒豚角煮めし 1350円 実食Check ☐

冷めてもやわらかく、油も気にならない！鹿児島黒豚にこだわった厚切り角煮がぎっしり敷き詰められていて、ボリュームも十分。

まだある駅弁リスト ✓

- ☐ 鹿児島黒豚赤ワインステーキ弁当
- ☐ 鹿児島黒豚角煮弁当
- ☐ 桜島鶏から揚げ弁当
- ☐ 桜島とりめし
- ☐ かごしま美味満彩弁当
- ☐ 黒豚とんかつ御膳
- ☐ 薩摩牛4％の奇跡 牛肉弁当
- ☐ 黒豚三昧
- ☐ 駅弁屋の牛焼肉重
- ☐ 贅沢かしわめし
- ☐ 牛肉三昧
- ☐ 西郷どん丼
- ☐ 駅弁屋のうなぎ弁当
- ☐ 辛子めんたいと地鶏めし
- ☐ 佐賀牛焼肉弁当
- ☐ 九州肉づくし弁当
- ☐ 鹿児島よくばり弁当
- ☐ 秋の黒豚松茸栗めし
- ☐ 牛ステーキ重
- ☐ 鹿児島黒毛和牛めしとハラミ焼肉弁当
- ☐ 春収穫黒豚筍めし

鳥栖駅

鹿児島本線・長崎本線

ロングセラー

かしわめし
830円
実食Check ☑

大正2年に発売した鳥栖駅駅弁の定番。鶏ガラを煮込んだダシで味を整え、甘辛く煮たかしわ肉に、錦糸卵などを盛り合わせて、旨み満点。

一部ここでも買えます！
新鳥栖駅

予約

中央軒
明治25年創業の老舗。現在も鳥栖駅構内で駅弁の販売のほか、立ち食いうどん店などを運営している。「かしわめし」は100余年の伝統を持つロングセラー駅弁だ。
☎0942-82-3166

一番人気

長崎街道 焼麦弁当
1130円
実食Check ☑

かしわめしと同じように、伝統の味として親しまれている焼麦（しゃおまい）をプラス。鳥栖駅の2大人気メニューが一度に楽しめるお得感も魅力。

焼麦
15個650円
実食Check ☑

焼麦とは小麦粉で皮を作り、具材を包んで焼いたり、蒸したりした料理の総称。国産の豚肉、鶏肉、タマネギを使い、上質な味わいに仕上げている。

ロングセラー

まだある駅弁リスト
☑ 肥前路弁当　　☐ 焼麦弁当
☐ あさりめし　　☐ 花つくし

ご当地名駅弁 ●四国・九州編

都道府県別

福岡県

鹿児島本線 折尾駅
かしわめし 実食Check
小 860円
大 970円

鶏スープの炊き込みご飯に鶏肉と錦糸卵、刻み海苔をのせた三色弁当。秘伝の調味料がおいしさのヒミツ。
●東筑軒
☎093-601-2345

山陽新幹線ほか 博多駅
さば寿し 実食Check
1500円

酢でシメたサバにとろろ昆布とシソを添えて押し寿司に。脂ののった風味豊かな味わいだ。
●清広食品
☎092-932-8588

山陽新幹線ほか 博多駅
炙りさば寿司 実食Check
870円

五島・対馬海域で漁獲される旬鯖を使用。皮目を炙ることで、香ばしさと旨みをぎゅっと凝縮した鯖本来の味わいが楽しめる。
●清広食品 ☎092-932-8588

山陽新幹線ほか 博多駅
かしわめし 実食Check
880円

親鳥を使用し、歯ごたえある食感に仕上げた鶏そぼろが美味。時間をかけて煮込むことで、しっかりとした味付けに。
●博多寿改良軒 ☎082-286-0181

四国・九州

福岡県

山陽新幹線ほか
博多駅

鶏三昧
1080円

出汁で炊いたご飯に、カリッとジューシーな唐揚げと、秘伝のたれに漬け込んだ照り焼き、甘酢にからめた旨味たっぷりの肉団子がついた鶏づくし弁当。
●ENM ☎092-588-3381

山陽新幹線ほか
博多駅

博多の贅沢海苔弁 **1280円**

明海産の海苔ご飯に、銀鮭や辛子明太子、チクワの磯辺揚げ、筑前煮などのおかずもたっぷり。
●ENM ☎092-588-3381

山陽新幹線ほか
博多駅

博多食弁当 **1380円**

香ばしい黒胡麻をまぶしたチキンカツと鶏の博多味噌焼きをおかずに、明太子と高菜をたっぷりのせたもちもちご飯をいただこう。
●ENM ☎092-588-3381

山陽新幹線ほか
博多駅

極味3種のからあげ味くらべ **950円**

塩味に醤油味、手羽先と、3種のフレーバーが一堂に会した、唐揚げ好きならずとも一度は食べておきたい逸品だ。香ばしくジューシーな唐揚げで、冷めてもうまい。●みかげ ☎092-607-7700

山陽新幹線ほか
博多駅

玄海のかぜ **1480円**

サバのバッテラ寿司やサザエのつぼ焼、サゴシ（サワラ）の柚子庵焼きなど、博多・玄海の海の幸をふんだんに使い、本格和食の創作料理を結集。
●みかげ ☎092-607-7700

四国・九州

福岡県

山陽新幹線ほか 博多駅

豊後牛博多明太弁当 1400円 実食Check

豊後牛の焼肉をびっしり敷き詰め、大ぶりな明太子をプラス。豊後牛とやまやの明太子でボリューム・味ともに大満足！
●やまや ☎0120-15-7102

山陽新幹線ほか 博多駅

辛子明太子と二種だれ豚バラ弁当 1550円 実食Check

福岡のジューシーな豚バラ肉は甘辛タレと塩味で。辛子明太子との相性もよく、飽きのこない仕上がり。
●やまや ☎0120-15-7102

山陽新幹線ほか 博多駅

ほとめく博多のお弁当 1290円 実食Check

「ほとめく」とは福岡の方言で「おもてなし」という意味をもつ。かしわごはんを筆頭に、若鶏の柚子胡椒焼きや梅ごぼうなどのほか、福岡太宰府名物の梅ヶ枝餅もいただける。
●みかげ ☎092-607-7700

大分県

特急「ゆふいんの森」車内

ゆふいんの森弁当 1500円 実食Check

地元の野菜を中心とした優しいおかずは季節ごとに変わる。旬の食材を使ったキノコ入りの炊き込みご飯とゆふいんの野菜で四季が味わえる！
●中央軒

特急「ゆふいんの森」車内

ゆふいんわっぱ 1000円 実食Check

大分県の食材を取り入れるなど、4種類の小さなおにぎりと、季節の野菜をオシャレにアレンジ。
●中央軒

※「ゆふいんの森弁当」と「ゆふいんわっぱ」は事前予約商品のため、Webサイトより要予約

佐賀県

佐世保線
武雄温泉駅

佐賀牛極上カルビ焼肉弁当
1944円
A5等級の佐賀牛をオリジナルのタレが引き立てる。希少部位「三角」は、トロっとした極上の味。
●カイロ堂 ☎0954-22-2767

佐世保線 松浦鉄道
有田駅

有田焼カレー（大） 2160円
有田焼の器に盛られたご当地ならではのチーズ焼カレー。佐賀牛を煮込み、コク深い味わいに。
●有田テラス ☎0955-25-9980

佐世保線
武雄温泉駅

佐賀牛ステーキ＆焼肉弁当 2484円
ジューシーなステーキとやわらかく焼き上げた焼肉を心ゆくまで堪能できる。佐賀牛の贅沢な味わいをお楽しみあれ。
●カイロ堂 ☎0954-22-2767

佐世保線
武雄温泉駅

佐賀牛すき焼き弁当 1620円
柔らかくジューシーなA5等級の佐賀牛に、甘辛の特製タレが絶妙に染み込んだ旨みたっぷりのすき焼きを。
●カイロ堂 ☎0954-22-2767

四国・九州

長崎県

長崎本線 長崎駅
ながさき鯨カツ弁当 1512円

鯨のそぼろをご飯にふりかけ、その上に秘伝のタレを使った鯨カツと鯨の竜田揚げをトッピング。
● 鯨専門店くらさき ☎095-829-5005

長崎本線 長崎駅
角煮めし弁当 980円

職人がじっくりと時間をかけ、作り上げた豚の角煮を一口大にし、炊き込みご飯の上にのせた老舗料亭旅館の味。
● 坂本屋 ☎095-826-8211

長崎本線 長崎駅
ゆうこう真鯛の鯛めし弁当 900円

幻の香酸柑橘と称されるゆうこうをエサに大切に育てられた絶品のゆうこう真鯛のあらと、コンブのだしのみで炊き上げた逸品。
● いろり家 ☎080-4142-7751

長崎本線 長崎駅
長崎和華蘭弁当 1200円

鎖国時代に海外の窓口として開港をしていた長崎らしく、和と中華と蘭（オランダ）の食文化を集約。長崎名物の海老ハトシをはじめ、エビチリやイカシューマイなどがうまい。
● いろり家 ☎080-4142-7751

長崎本線 長崎駅
長崎県産黒毛和牛弁当 1360円

甘辛のタレが食欲をそそる！ジューシーでガツンとパンチのある食べ応えで、子どもから年配の方まで、幅広い年代から人気。
● いろり家 ☎080-4142-7751

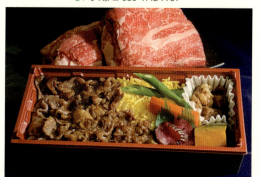

熊本県

鹿児島本線ほか
八代駅

**鮎屋三代
塩焼き弁当**
1550円

球磨川のアユをほどよく焼き上げ、炊き込み飯の上に。アユの持ち味である風味を存分に生かした逸品。
● 頼藤商店 ☎0965-33-1145

鹿児島本線ほか
熊本駅

栗めし 1200円

栗をモチーフにした容器が何とも味わい深い。名産の栗がのったご飯に、野菜の煮物などがよく合う。
● やまぐち ☎0966-22-5235

鹿児島本線ほか
**新八代駅・
熊本駅**

**肥後牛
とろ玉しぐれ**
1500円

肥後の「あか牛」のしぐれ煮をご飯の上に敷き詰めたご当地の味。半熟卵をからめて召し上がれ。
● 頼藤商店 ☎0965-33-1145

鹿児島本線ほか
熊本駅

鮎ずし 1000円

アユを1尾丸ごと酢でシメて、押し寿司に。清流で育ったアユは香りもよく、さっぱりとおいしい。
● やまぐち ☎0966-22-5235

四国・九州

宮崎県

日豊本線 宮崎駅
元祖椎茸めし 900円 実食Check

甘く煮た地場の肉厚椎茸を宮崎産米の鶏飯の上に。高野豆腐や肉団子などのつけ合わせもたっぷりと。
● 宮崎駅弁当 ☎0985-24-2913

日豊本線 都城駅
かしわめし 850円 実食Check

都城の地鶏に、伝統の味をしみ込ませた風味が抜群。胸肉のスライスをのせ、箸休めにさつま揚げや煮豆を添えて。
● せとやま弁当 ☎0986-22-1000

日豊本線 都城駅
みやこのじょう盆地物語 1050円 実食Check

迷ったらコレ！郷土料理のがね（紅さつまのかき揚げ）や鶏肉の油味噌、豚ロースの塩麹焼きなど、盛りだくさん。かしわめしも楽しめる都城の特産料理が勢揃い。
● せとやま弁当
☎0986-22-1000

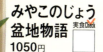

鹿児島県

肥薩線 嘉例川駅
花の待つ駅 かれい川【土日祝限定販売】 1500円 実食Check

おもてなしの心を込めた薩摩料理の手作り弁当。霧島産黒米のご飯に、郷土料理のがね（紅さつまのかき揚げ）、生姜の佃煮、赤鶏と椎茸の煮物などが並ぶ。けせん団子も美味。
● 森の弁当やまだ屋
☎090-2085-0020

九州新幹線ほか 鹿児島中央駅
桜島灰干し弁当 1300円 実食Check

ブリの塩麹焼きを桜島の火山灰で熟成させた桜島灰干しや、桜島鶏の柚子胡椒焼きにこだわりが光る。
● 樹楽 ☎0995-73-3812

肥薩線 嘉例川駅
百年の旅物語 かれい川【土日祝限定販売】 1500円 実食Check

築百余年の駅舎で知られる嘉例川駅で発売中。がね（さつま芋の天ぷら）や、きのこコロッケなどを手づくりで。
● 森の弁当やまだ屋 ☎090-2085-0020

Column 3

駅弁ヒストリー
〜日本人とともに時代を乗り越えた鉄道食文化〜

諸説あるが、駅弁の始まりは、新橋・横浜間の鉄道開通13年後の1885(明治18)年とされる。場所は宇都宮駅。近くで旅館白木屋を営む斉藤嘉平が駅弁売りをしたのが最初だという。料理はというと、黒ゴマをまぶした梅干し入りのにぎり飯2個とたくわん2切れ。これを竹皮に包んで5銭で販売したというのだ。当時米一升が5銭。利用客は議員や官吏、軍人、大旦那の一部だったようで、無謀な金額ではないかもしれない。

明治20年代に入ると鉄道は全国へと広がり、一般客も利用するようになる。各地で駅弁業者は増え、1889(明治22)年には姫路駅近くの茶店「ひさご」(現・まねき食品)を営む竹田木八が、上折には13種のおかず、下折には白飯という二重の折詰を駅構内で販売。これが日本で初めて販売された幕の内駅弁といわれる。

その後、日清・日ロ戦争の時代を経て、富国強兵、殖産興業の名のもと鉄道需要が高まった。それと同時に、駅弁業者も活況を呈する。軍人の移動手段でもある鉄道は、多くの弁当を必要とした。いわゆる軍弁によって、駅弁業者の礎は築かれたとされる。

大正期から昭和初期へと、駅弁は順調に推移

> お話を伺ったのは…

元一般社団法人
日本鉄道構内営業
中央会事務局長
沼本忠次さん

するが、先の戦争に突入すると状況は一変。軍弁依頼はあるものの、戦況悪化にともない食材調達に難渋し、末期はさらに困難に遭遇する。戦地に赴く人たちが食べた、日本で最後になるかもしれない食事。その弁当の内容は明らかではないが、駅弁業者は苦渋の思いで提供したのだろう。

昭和30年代、高度経済成長時代となり、鉄道利用は再び盛んになる。しかし、新幹線や飛行機など、時代はスピードを要求し、従来の販売スタイルは難しくなっていく。昭和40年代に始まった駅弁大会もそんな状況の中で生まれた駅弁活性化の事業の一つ。そして、昭和60年代には国鉄が民営化、駅弁業界も変革の時代に入る。構内にコンビニなどが参入する平成の時代には、ノウハウを生かして学校給食や介護施設などにも参入し、さらにはアニメキャラクターなどのコラボ企画も開始。2015(平成27)年にはミ

ラノ万博、2018(平成30)年に行われたフランス「ジャポニスム2018」展での駅弁販売など、海外へも販路を広げていく。

駅弁が文化たる由縁に、災害時の供食活動がある。JR駅構内で駅弁を販売する業者が組織する日本構内営業中央会には、災害に対する供食のマニュアルがあるほど。

阪神・淡路大震災や東日本大震災をはじめとする自然災害のほか、列車輸送障害時に弁当を提供(炊きだし)するなどの活動を続けている。それは、駅弁の力がなせる業なのではないだろうか。

鉄道とともに歩んできた駅弁。今や日本の食文化を語るうえでも欠かせないものになっている。相互扶助の精神が息づく駅弁は、日本の文化そのものなのかもしれない。

編集	宇山好広
編集協力	佐藤千鶴子・岡村悦子（LoLoCreation）
ブックデザイン　カバー・表紙	大久保敏幸、斉藤祐紀子
本文	斉藤祐紀子、徳野なおみ
執筆	植村誠、宮和正、吉野文敏
撮影	各務あゆみ
協力	一般社団法人 日本鉄道構内営業中央会

本書は、株式会社天夢人が2020年4月30日に刊行した旅鉄BOOKS 026『駅弁大百科』を再編集したものです。

旅鉄BOOKS PLUS 015

全国駅弁大百科

2025年2月5日　初版第1刷発行
2025年5月1日　初版第2刷発行

編　者	旅鉄BOOKS編集部
発行人	山手章弘
発　行	イカロス出版株式会社
	〒101-0051 東京都千代田区神田神保町1-105
	contact@ikaros.jp（内容に関するお問合せ）
	sales@ikaros.co.jp（乱丁・落丁・書店・取次様からのお問合せ）
印刷・製本	株式会社シナノパブリッシングプレス

乱丁・落丁はお取り替えいたします。
本書の無断転載・複写は、著作権上の例外を除き、著作権侵害となります。
定価はカバーに表示してあります。

©2025 Ikaros Publications,Ltd.All right reserved.
Printed in Japan
ISBN978-4-8022-1561-9

目次

コラム1 **駅弁マークってなに？** 6

コラム **駅弁レジェンドが語る 私の印象に残った旅の駅弁** 7
櫻井 寛さん 8
小林 しのぶさん 10
木村 裕子さん 12
上杉 剛嗣さん 14
福岡 健一さん 16

コラム2 **日本各地の名物駅弁が東京駅に大集合** 18

第一章 北海道 19

道北 ● 稚内駅・旭川駅
道東 ● 釧路駅・網走駅・厚岸駅
道南 ● 小樽駅・森駅・函館駅・池田駅
道央 ● 札幌駅

都道府県別 ご当地名駅弁 34

全国 駅弁大百科
完全保存版

旅鉄BOOKS編集部

イカロス出版